SCIENCE
NOTEBOOK

FIRST PUBLISHED IN THE UNITED STATES UNDER THE TITLE:
EVERYTHING YOU NEED TO ACE SCIENCE IN ONE BIG FAT NOTEBOOK:
The Complete Middle School Study Guide
Copyright © 2016 by Workman Publishing
All rights reserved.
This Korean edition was published by Woorischool in 2017 by arrangement with Workman Publishing
Company, New York through KCC(Korea Copyright Center Inc.), Seoul.

이 책은 (주)한국저작권센터(KCC)를 통한 저작권자와의 독점계약으로 도서출판 우리학교에서 출간되었습니다.
저작권법에 의해 한국 내에서 보호를 받는 저작물이므로 무단전재와 복제를 금합니다.

Illustrator Chris Pearce
Series Designer Tim Hall
Designers Gordon Whiteside, Kay Petronio
Editors Nathalie Le Du, Justin Krasner
Production Manager Julie Primavera
Concept by Raquel Jaramillo

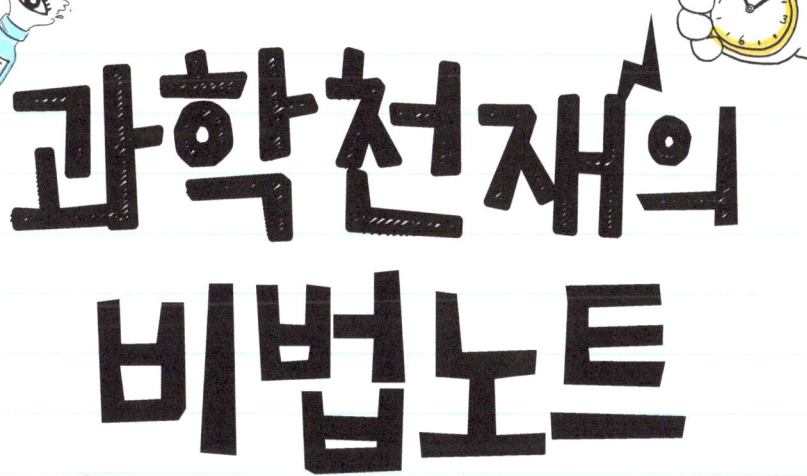

과학천재의 비법노트

물리·화학

브레인 퀘스트 지음 | 양원정 옮김

우리학교

과학과 친해지는 가장 완벽한 방법

지금부터 너에게만 내 과학 비법노트를 보여 줄게. 아참, 내가 누구냐고? 내 입으로 말하기는 좀 쑥스럽지만 사람들은 나를 천재라고 불러. 특히 과학을 아주 잘해서 '과학 천재'라는 소리를 많이 듣지.

『과학천재의 비법노트 : 물리·화학』에는 간단한 실험부터 원자와 화학 반응, 운동, 힘, 일, 에너지에 이르기까지 물리·화학과 친해지기 위해 반드시 알아야 할 모든 내용이 들어 있어. 물론 시험에 자주 나오는 내용들도 빠짐없이 들어 있지.

비법노트 활용법!

- 주요 단어는 노란색 형광펜으로 덧칠했어.
- 정의를 설명한 부분은 박스 안에 넣었어.
- 주요 인물과 장소, 날짜, 용어는 다양한 색의 글씨로 표시했어.
- 중요한 개념은 한눈에 알 수 있도록 그림이나 그래프, 도표 등으로 나타냈어.

만약 과학 교과서가 마음에 들지 않고, 수업 내용을 필기하는 게 어려웠다면, 이 노트가 네게 도움이 될 거야. 네가 배워야 할 중요한 내용들이 모두 들어 있거든. 하지만 수업 시간에 선생님이 이 노트에 없는 내용을 가르쳐 주신다면, 얼른 받아 적어야겠지?

나는 이제 이 노트가 필요 없어. 노트의 내용을 다 알고 있거든. 그러니까 지금부터 이 노트의 주인은 바로 너야. 이 노트는 네가 과학과 친해질 수 있는 가장 완벽한 방법을 알려 줄 거야. 자, 그럼 시작해 볼까?

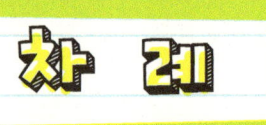

과학적 탐구

- 비법노트1장 과학자처럼 사고하기 **10**
- 비법노트2장 과학 실험 설계하기 **19**
- 비법노트3장 실험 보고서와 평가 결과 **39**
- 비법노트4장 국제단위와 측정 **45**
- 비법노트5장 실험실 안전과 실험 도구 **55**

물질, 화학 반응, 용액

- 비법노트6장 물질, 성질, 상 **68**
- 비법노트7장 주기율표, 원자 구조, 화합물 **79**
- 비법노트8장 용액과 유체 **91**

운동, 힘, 일

- 비법노트9장   운동 **100**
- 비법노트10장   힘과 뉴턴의 운동 법칙 **107**
- 비법노트11장   중력, 마찰, 생활 속의 힘 **117**
- 비법노트12장   일과 도구 **127**

에너지

- 비법노트13장   에너지의 형태 **138**
- 비법노트14장   열에너지 **145**
- 비법노트15장   빛과 소리 **151**
- 비법노트16장   전기와 자기 **167**
- 비법노트17장   전기 에너지원 **183**

 부록 개념연결   생각그물·교과연계표   **191**

과학적 탐구

관찰, 측정, 분류, 추리, 예상, 탐구 계획, 탐구 보고서, 가설, 실험 계획, 실험 보고서, 실험 결과, 해석과 결론, 과학, 과학 분야

비법노트 **1**장

과학자처럼 사고하기

과학에는 어떤 분야가 있으며,
각 분야는 서로 어떠한 연관을 맺고 있을까?

생명과학 또는 **생물학**은 살아 있는 모든 생물에 대해 연구하는 학문이야. 식물과 동물뿐만 아니라 하나의 세포로 이루어진 유기체도 연구해.

지구과학은 지구를 포함한 우주에 존재하는 행성, 별, 운석 등을 다루는 학문이야. 지구과학은 지각, 암석, 달과 같은 무생물의 특징, 역사 등을 연구하지.

자연과학은 우주를 이루는 가장 기본적인 토대가 되는 물질과 에너지를 다루는 학문이야. 물질과 에너지의 상호 작용과 같이 물질의 운동과 특성을 연구하는 **물리학**과 물질의 성질과 화학 변화를 연구하는 **화학**이 포함되어 있어.

10

각 과학 분야에서 무엇을 연구하는가는 여러 가지 모형을 만들 수 있는 레고 블록으로 설명할 수 있어.

물리학은 하나의 레고 블록이 어떻게 움직이고 또 어떤 에너지를 가지고 있는지와 같이 블록 자체가 가지고 있는 특성에 대해 연구해.

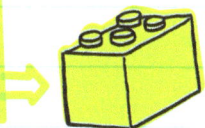

화학은 이런 레고 블록이 어떻게 상호 작용하여 새로운 모형을 만들어 내는지 연구하는 거야.

생물학은 레고 블록을 조립하여 만들 수 있는 것 중에서 생명이 있는 것을 연구해.

지구과학은 레고 블록으로 만든 것 중에서 생명이 없는 것을 연구하지.

과학 탐구

과학은 우리를 둘러싸고 있는 세상에 대한 여러 가지 의문들의 답을 찾을 수 있게 도와주는 멋진 방법이야. 과학자들은 마치 탐정처럼 여러 단서를 이용해 복잡한 수수께끼를 해결하지. 반복된 실험과 꾸준한 관찰을 통해 얻은 단서들로 말이야. 이렇게 과학자가 의문에 대한 답을 찾는 과학적 과정을 과학 탐구라고 해. 또, 답을 찾기 위해 이것저것 시도하는 걸 과학적 방법이라고 부르지.

과학 탐구는 우리가 살고 있는 세상과 그 세상이 어떻게 돌아가는지에 대해 의문을 갖는 것부터 시작해. 만일 무언가에 의문점이 생겼다면, 의문점에 대한 선행연구를 조사하고 관찰과 실험을 통해 답을 찾는 데 필요한 모든 정보를 모으는 것부터 시작해야 해.

선행연구 조사는 실험을 통해 얻을 수 있는 결과를 예측하기 위해 과거 과학자들이 이미 얻은 결과를 자세히 살피는 걸 뜻해. 이때 결과를 예측한 걸 가설이라고 불러. 과학자들은 관찰을 통해 얻은 결과와 자신이 예측한 가설을 비교해 가설이 옳은지, 그른지 검증할 수 있어. 특히 관찰을 할 때는 결과를 정확하게 나타내기 위해 시각, 후각, 촉각, 청각과 같은 우리의 감각을 모두 동원해야 해. 관찰에는 측정을 통해 얻을 수 있는 양적 관찰과 특정 대상을 있는 그대로 관찰하는 질적 관찰로 나눌 수 있어. 이런 과학 탐구를 통해 얻은 결과를 결론이라고 해.

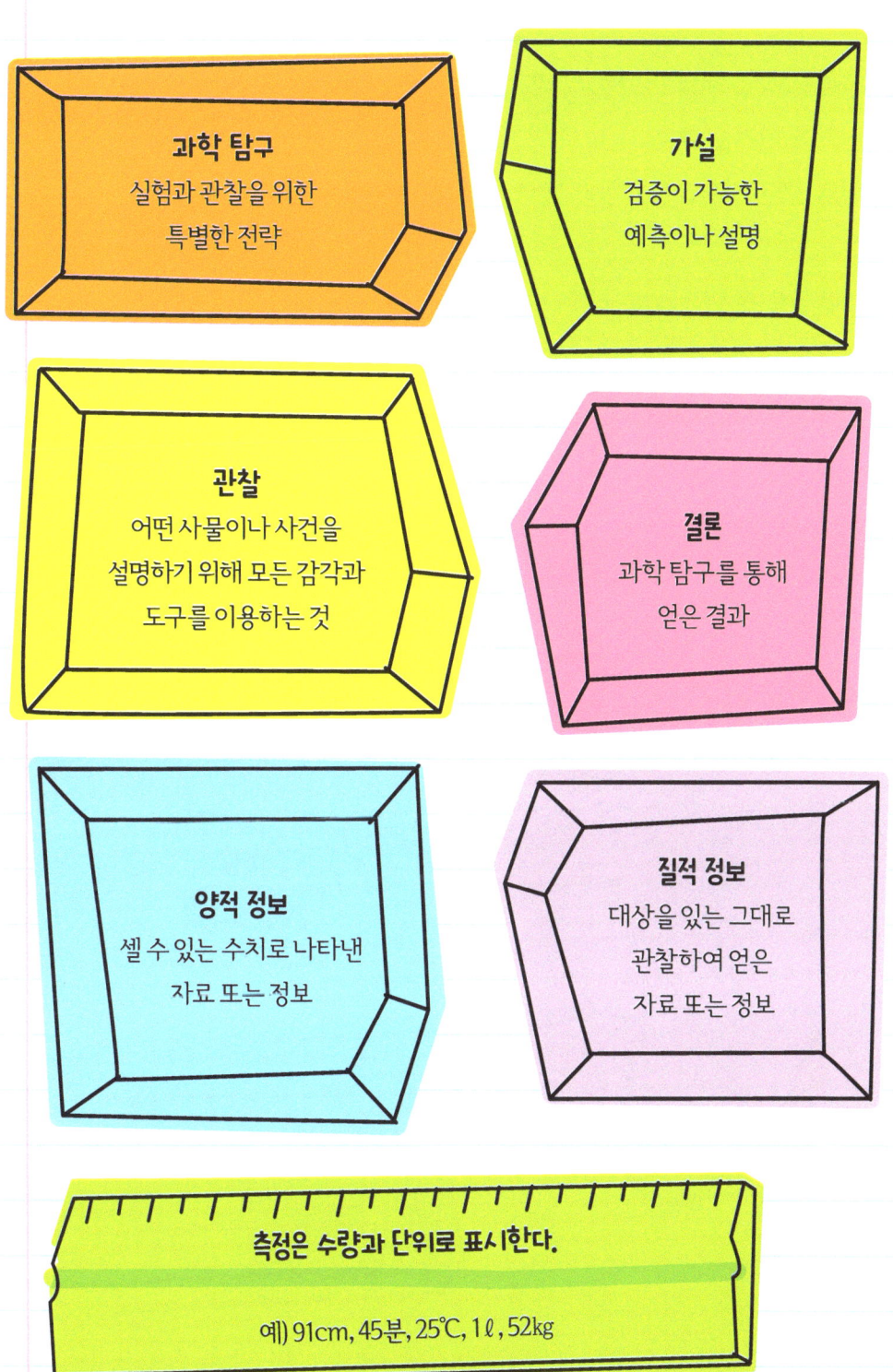

모형은 관찰 대상이 너무 작거나 커서, 또는 너무 비싸서 실생활에서 접하기 어려울 때 보다 쉽게 관찰할 수 있도록 만든 거야. 모형은 매우 간단해서 과학자들이 쉽게 살펴보고 연구할 수 있어.

모형 종류 중 몇 가지를 소개하면,

- 지구본이나 디오라마와 같은 **실물 모형**

- 날씨 변화의 유형이나 사람 또는 장소를 입체적으로 보여 주는 3차원 시뮬레이션과 같은 **컴퓨터 모형**

- 방정식이나 과거 자료를 바탕으로 미래에 필요한 비용을 예측하는 일과 같은 **수학적 모형** 등이 있어.

실험이 예측대로 잘 풀리지 않는다고 해서 너무 실망하지 마. 무엇이 참이고 거짓인지 아는 것도 답을 찾는 중요한 과정이니까!

가설, 이론, 법칙

과학자들은 여러 번에 걸쳐 관찰한 후에 어떤 현상이 어떻게, 왜 일어나는지 설명하기 위한 가설을 세워. 이런 가설은 결과를 예측하는 것부터 시작하지. 하지만 실험과 관찰을 통해 얻은 증거들이 반드시 가설을 뒷받침하는 건 아니야. 예측을 뒷받침할 수도, 뒷받침하지 않을 수도 있어.

수십 번의 검증과 실험을 거쳐 가설이 옳다고 증명되면, 과학자들은 가설을 이론으로 발전시킬 수 있어. 이론은 관찰한 현상 또는 실험한 결과에 대한 논리적인 설명으로 이미 수많은 관찰과 실험을 통해 검증된 거야.

과학 법칙은 이론과 마찬가지로 관찰을 기반으로 하고 있어. 법칙은 사물이나 현상이 자연에서 어떻게 작용하는지 설명하는 원칙이야. 하지만 그 이유가 무엇인지에 대해서는 따로 설명하지 않아. 예를 들어 아이작 뉴턴은 물체가 자연스럽게 지면으로 떨어지는 것을 관찰했어. 이를 설명하기 위해 뉴턴은 만유인력의 법칙을 세웠지. 이 법칙은 물체가 중력의 영향을 받아 아래로 떨어진다고 설명할 뿐, 왜 그렇게 움직이는지에 대해서는 설명하지 않아.

중력 때문이야!

법칙
특정한 상황에서 무슨 일이 일어나는가를 설명하는 것

이론
오랫동안 이루어진 검증과 관찰에 근거하여 어떤 일이 왜 일어나는가를 설명하는 것

1. 과학의 주요한 세 분야는 무엇이며, 각 분야는 무엇을 연구할까?

2. 과학 탐구의 기본 과정은 무엇일까?

3. 가설이란 무엇일까?

4. 관찰 결과가 가설을 뒷받침하지 않으면 어떻게 해야 할까?

5. 과학 탐구에서 증거는 어떻게 쓰일까?

6. 이론과 법칙에 대해 각각 설명해 보자.

7. 모형이란 무엇이며, 과학 분야에서 왜 사용될까?

8. 지도나 지구본과 같은 모형을 _____ 모형이라 하고, 3차원 입체 시뮬레이션과 같은 모형을 _____ 모형이라 한다.

정답

1. 생명과학(또는 생물학)은 살아 있는 것을 연구하는 학문이다.
   지구과학은 지구와 우주를 연구하는 학문이다.
   자연과학은 물질과 에너지를 연구하는 학문이다.

2. 의문점 갖기 → 선행연구 조사하기 → 가설 세우기 → 가설 검증하기 → 결과 분석하기 → 결론 도출하기 → 결과 공유하기
   만일 가설이 거짓이면, 새로운 가설을 만들어 처음부터 다시 시작한다.

3. 가설은 검증할 수 있는 예측이나 설명을 말한다.

4. 관찰 결과에 근거하여 새로운 가설을 세운 뒤, 다시 과학 탐구 과정을 진행한다.

5. 증거는 가설이 참인지 거짓인지 검증하는 데 쓰인다.

6. 이론은 어떤 사물이나 현상이 왜 일어나는가를 설명한다.
   법칙은 사물이나 현상이 자연에서 무슨 일이 일어나는지를 증명하지만 왜 일어나는지를 설명하지는 않는다.

7. 모형은 관찰하기 어려운 것을 쉽게 관찰할 수 있도록 간단하게 만든 것으로, 과학자들이 꼼꼼하게 살펴보고 연구하는 데 유용하다.

8. 실물, 컴퓨터

비법노트 **2**장

과학 실험 설계하기

실패하지 않는 과학 실험을 위한 조언!

1. 내가 관심 있고 궁금한 건을 관찰하자.

2. 과거 실험의 조건이나 환경 등을 바꾸어 나만의 실험 계획을 세우자.

3. 과거의 실험을 반복해 같은 결과를 얻는지 확인하자.

실험을 하려면 각 과정을 자세하게 나타낸 목록인 절차와 실험을 하는 데 필요한 재료들의 목록이 있어야 해.
다른 과학자들이 언제 어디서나 네가 제안한 실험 절차만 가지고도 똑같은 실험을 반복할 수 있어야 하거든. 그래야 다른 과학자가 네 실험 결과를 면밀하게 살펴보고 공정하게 평가할 수 있어.

절차
실험을 수행하는 과정을 단계별로 나열한 목록

어떤 특정한 조건이 결과에 미치는 영향을 알아보기 위해서는 대조 실험을 해야 해. 처음에는 어떠한 조건도 바꾸지 않고 실험을 해.
이 실험을 대조군이라고 부르지.
두 번째 실험에서는 네가 확인하고 싶은 조건 하나만 바꿔서 실험하는 거야. 이때 대조 실험에서 변하지 않고 항상 같은 상태를 유지하는 조건을 상수라고 해. 상수는 실험 결과에 어떤 영향도 미치지 않아.
반면 실험 결과를 바꿀 수 있는 조건을 변수라고 해. 변수가 미치는 영향을 대조 실험을 통해 확인할 수 있지.

대조군
모든 변수가 상수로 고정된 실험. 수행하는 모든 실험에서 비교 기준이 됨.

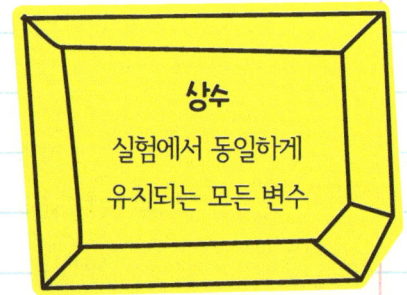

상수
실험에서 동일하게 유지되는 모든 변수

어떤 특정한 조건이 실험 결과에 영향을 미치는지 확인하기 위해서는 특정 조건을 제외한 나머지 모든 조건을 상수로, 즉 같은 상태로 고정해야 해. 그래야 결과에 나타난 변화가 네가 바꾼 그 한 가지 변수 때문이라는 것을 확인할 수 있어.

변수에는 독립변수와 종속변수가 있는데, 이 두 변수는 서로 다른 역할을 해.

독립변수는 실험에서 네가 임의로 바꾸는 변수야.

종속변수는 독립변수에 영향을 받는 변수로, 실험의 결과를 의미해.

금붕어 실험

서호네 반에서는 금붕어를 기르고 있어. 그런데 언제부턴가 금붕어가 제대로 자라지 못했지. 선생님과 서호네 반 친구들은 금붕어에게 주는 먹이의 양이 부족해서 제대로 자라지 못한다는 가설을 세웠어. 그리고 먹이가 금붕어의 건강에 미치는 영향을 확인하기 위한 실험을 설계했어. 먼저 서호와 친구들은 금붕어의 종류, 어항 크기, 수질, 수온, 먹이 종류, 어항이 놓인 위치를 모두 상수로 고정하고, 먹이를 주는 횟수만 달리하여 실험을 했지.

이 실험에서 독립변수는 얼마나 자주 물고기에게 먹이를 주느냐 하는 것이고, 종속변수는 2주 후 금붕어의 건강 상태야.

상수
1. 금붕어의 종류
2. 어항 크기
3. 수질
4. 수온
5. 먹이 종류
6. 어항 위치

실험군 / 대조군

자료 수집

좋은 자료는 관찰 대상을 구체적이고 자세하게 나타낸 자료야. 관찰하려는 대상이 얼마나 많이 있는지, 크기는 큰지 작은지와 같이 양에 대한 내용이나 측정값이 기록된 자료는 탐구하는 데 유용하게 쓰여. 또 좋은 자료는 정확한 내용이 기록된 자료야. 그러니 실험을 할 때에는 신중하게 관찰하고 측정해야 해. 복잡한 실험을 하다 보면 관찰한 내용을 잊어버릴 수 있으니까 실험을 하면서 관찰한 내용을 그때그때 기록하는 게 좋아. 실험을 통해 얻은 자료가 믿을 수 없다면 결론도 아무 의미가 없어.

좋은 자료 / 나쁜 자료

자료 분석과 자료 표시

	1주	2주	3주
식물 1	3cm	5.5cm	7cm
식물 2	2.5cm	5cm	7.5cm

식물의 성장

자료를 구성하고 나타내는 방법에는 도표나 그래프 등이 있어.

도표는 자료를 가로 행과 세로 열로 나타내. 숫자를 나란히 정렬해 놓아서 빠르게 읽을 수 있을 뿐만 아니라, 서로 다른 자료를 쉽게 비교할 수 있지. 도표는 실험 중에 자료를 쉽고 빠르게 기록할 수 있어.

자료를 모아 도표를 만들었다면, 이 도표를 그래프로 바꾸어 정보를 더 보기 쉽게 만들 수 있어.
선 그래프는 x축(가로선)과 y축(세로선)에 각각 표시된 두 변수 사이의 관계를 보여 줘. 각 축에 표시된 눈금은 특정값의 간격을 의미해. 이때 각 축의 눈금은 일정하게 등가해. 예를 들어 2, 4, 6, 8…이나 5, 10, 15, 20…처럼 올라가지, 2, 5, 7, 15…처럼 제멋대로 올라가지 않아.

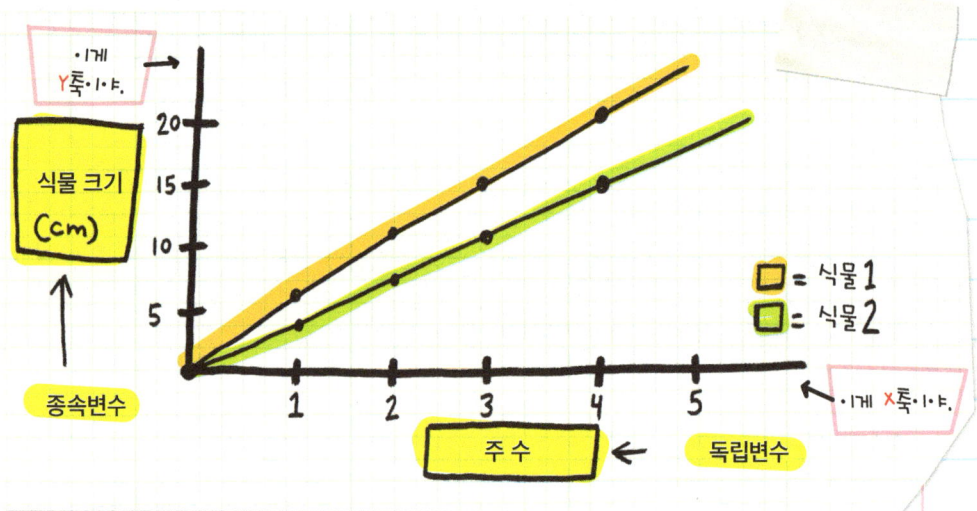

선 그래프를 보면 하나의 변수가 다른 변수에 어떤 영향을 주는지 알 수 있어. 즉, 독립변수에 따라 종속변수가 어떻게 바뀌는가를 보여 주는 거야. 독립변수는 x축에, 종속변수는 y축에 나타내. 선 그래프는 식물의 성장이나 경주용 차량의 가속도처럼, 시간에 따른 지속적인 변화를 보여 주는 실험 결과를 나타내는 데 가장 적합한 방법이야.

산포도는 선 그래프의 한 종류인데, 두 자료 사이의 상관관계를 나타내는 방법이야. 산포도는 **순서쌍**으로 이루어진 자료를 그래프로 나타낸 거이지. 이때 순서쌍은 단순히 두 수가 짝지어 있는 것이지만, 짝지은 순서는 매우 중요해.

> **예시** 수학 선생님은 수학 시험을 치른 학생들에게 몇 시간 동안 공부했는지 물어보았어. 그리고 학생들이 공부한 시간을 시험 점수와 함께 다음과 같이 기록했지.

이름	공부 시간	시험 점수
서은	4.5	90
병우	1	60
서진	4	92
연휘	3.5	88
서호	2	76
예린	5	100
병재	3	90
채우	1.5	72
도윤	3	70
채린	4	86

서은이의 데이터를 나타내려면, X값이 4.5이고 Y값이 90인 지점에 표시하면 돼.

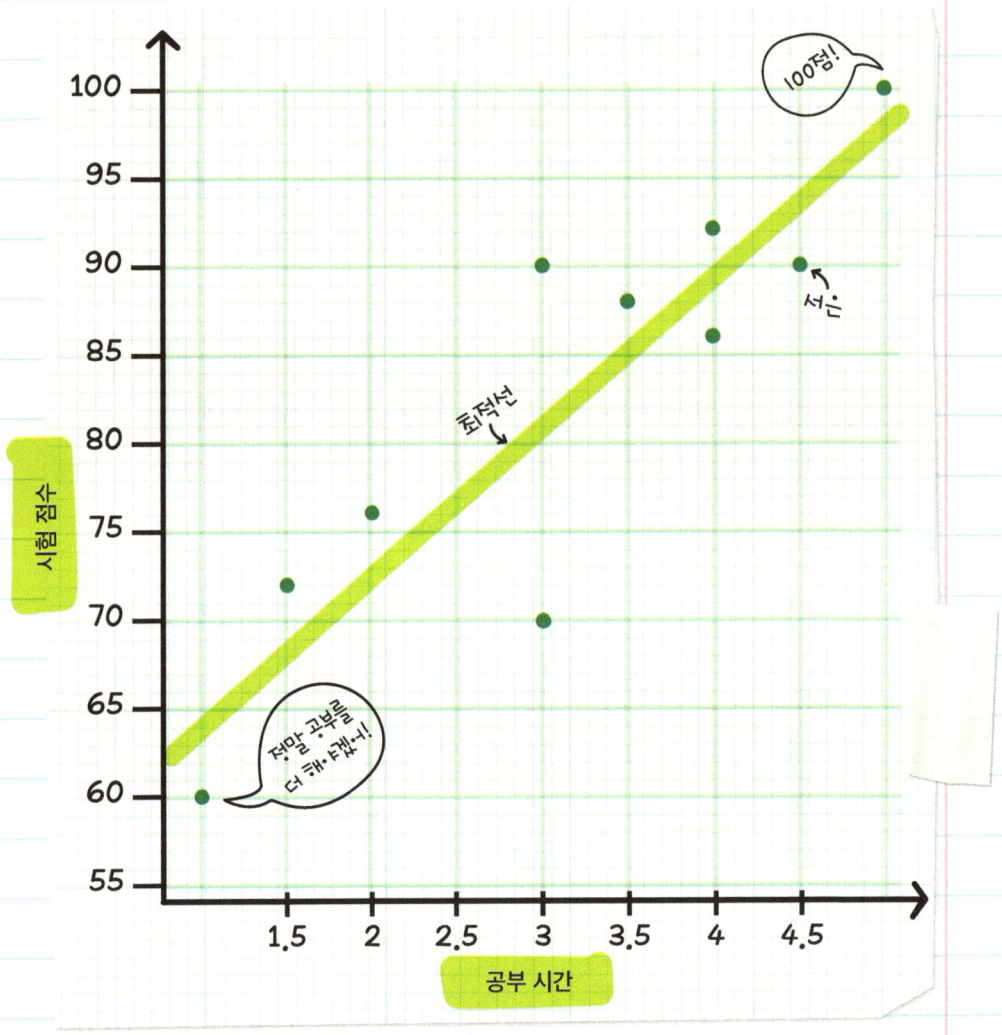

자료를 산포도로 나타내 보면 공부 시간과 시험 점수 간에 어떤 관계가 있는지 확인해 볼 수 있어. 그래프를 보면 대체로 공부 시간이 길어짐에 따라 점수도 함께 올라가고 있다는 걸 알 수 있지. 따라서 시험 점수와 공부 시간은 관계가 있다고 할 수 있어.

병재는 3시간을 공부해서 90점을 받았어. 도윤이 역시 3시간을 공부했지만 70점을 받았지. 병재나 도윤이의 경우처럼 때로는 각각의 순서쌍이 일반적인 경향을 나타내지 않기도 해. 이를 이상치라고 하지. 산포도는 각 자료 사이의 대략적인 관계를 파악하는 데 도움을 줘.

우리는 산포도 그래프 위에 공부 시간과 시험 점수 간의 관계를 나타내는 임의의 선을 그릴 수 있어. 이 선은 각 점들이 서로 어떻게 관련되어 있는지 설명하기 때문에 **퇴적선**이라고 불러. 비록 왼쪽 그래프에서는 어떤 점도 퇴적선 위에 놓여 있지 않지만 괜찮아. 퇴적선은 그래프 위에 있는 모든 점의 상관관계를 가장 잘 설명하는 선이거든!

막대그래프는 자료를 서로 다른 높이의 직사각형 막대를 이용해 나타내는 그래프야. 각 막대는 서로 다른 항목을 의미하는데, 애완동물의 유형이나 좋아하는 아이스크림과 같은 변수를 나타낼 수 있어. 이때 막대의 키가 크면 클수록 막대가 나타내는 숫자 역시 커져.

선 그래프나 막대그래프 외에도 파이를 조각낸 모양과 같은 원그래프도 있어. 원그래프는 가끔 파이그래프라고도 불리곤 해.

> 그래프는 보는 사람이 쉽게 자료를 이해할 수 있도록 눈금이나 단위 등으로 표시해야 해.

결론 도출하기

실험을 통해 얻은 결과가 가설을 뒷받침하지 않는다면, 가설을 어떻게 바꿔야 할까? 결론이 명확하게 나지 않을 때는 토론을 해야 해. 즉, 관찰한 내용과 확인한 사실을 이용해서 직접 보지 못한 것에 대해 결론을 내려야 한다는 말이야.

예를 들어 티라노사우루스 렉스가 무엇을 먹었는지 알고 싶다면 티라노사우루스 렉스 화석 주위에서 발견할 수 있는 화석화된 배설물을 관찰해야 해. 만약 부서진 뼛조각을 발견했다면, 티라노사우루스 렉스가 더 작은 공룡이나 다른 동물을 먹었다고 토론할 수 있겠지.

만약 토론해야 할 필요가 있다면, 참고 자료를 찾아보고
추가 조사를 하는 것이 도움이 될 거야.

우리는 결론을 통해 실험 과정과 실험을 통해 발견한 사실을 평가할 수
있어. 측정이나 기록을 할 때 실수하지는 않았는지, 절차를 정확하게
수행했는지, 장비는 정밀했는지 등을 살펴야 해. 실수 없이 실험을 수행해도
결과가 항상 똑같지는 않아. 왜냐하면 상수를 늘 일정하게 유지하기
어렵기 때문이야. 또 생각지도 못한 변수가 결과에 영향을 미칠 수도 있지.
발견한 사실이 정확하다는 것을 확인하는 가장 좋은 방법은 실험을 여러
번 반복하는 거야!

비료가 식물 성장에 미치는 영향 알아보기

선희는 식물의 성장에 미치는 비료의 영향을 조사하기로 했어.
그래서 동일한 식물을 3개 구입한 다음, 1번 식물에는 비료를 매일
아침마다 주고, 2번 식물에는 비료를 일주일마다 주었으며,
3번 식물에는 비료를 아예 주지 않았지. 이때 3번 식물을 대조군이라고 해.

선희는 3개의 식물에 모두 매일 아침 물을 한 번씩 주었고, 창가에 두어
똑같은 양의 햇볕을 받을 수 있도록 했어. 여기서 햇볕과 물은 늘 똑같이
유지되기 때문에 상수야.

선희는 일주일에 한 번씩 모든 식물의 키를 측정한 후 도표에 기록했어. 그리고 시간의 흐름에 따른 식물의 키를 그래프로 나타냈어.

식물의 키

식물	0주(시작)	1주	2주	3주
1	6cm	8cm	10cm	12cm
2	6cm	7cm	8cm	9cm
3	6cm	6.5cm	7cm	7.5cm

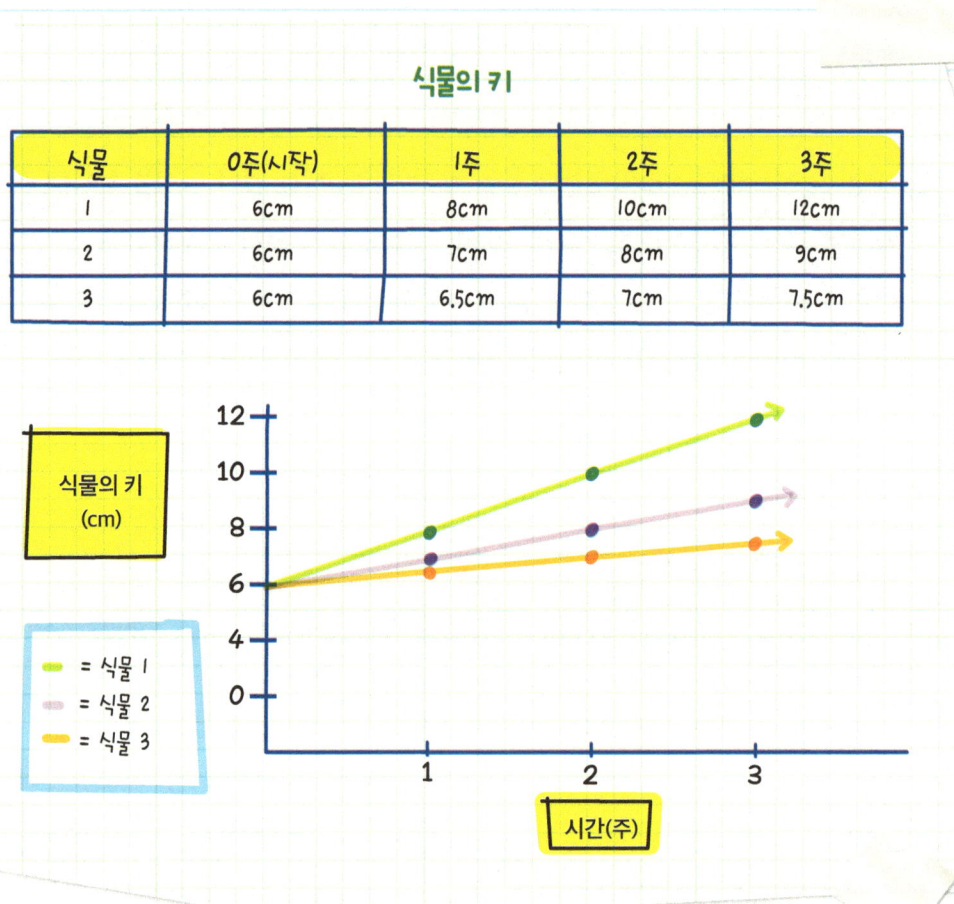

선희는 도표와 그래프를 분석한 결과, 매일 비료를 준 식물이 전혀 비료를 주지 않은 식물보다 4배 더 빨리 자란다는 결론을 얻었어.
또한 1번 식물이 2번 식물보다 더 빨리 자란다는 실험 결과로 비료를 매일 주는 건이 일주일에 한 번 주는 것보다 식물을 더 빨리 자라게 한다는 결론도 내릴 수 있었지.

 # 공학 설계 과정

공학은 문제점을 해결하는 새로운 제품 개발을 위해 설계와 건축, 기계와 구조물을 연구하는 과학 분야야. 과학자가 과학 탐구를 통해 의문점을 도나하듯이, 공학자는 발명과 설계, 혁신적인 아이디어와

> **공학**
> 일상생활에 존재하는 문제를 해결하기 위해 설계, 건축, 기계와 구조물을 연구하는 과학 분야

같은 공학 설계 과정을 통해 문제를 해결해. 예를 들어 태양 에너지로 길을 밝힐 수 있는 포장도로를 개발한다고 생각해 봐. 이러한 아이디어는 수많은 문제점을 해결할 수 있어. 길이 밝으니까 늦은 밤에도 안전하게 운전할 수 있고, 태양 에너지를 사용하기 때문에 길을 밝히는 데 필요한 비용도 줄일 수 있어. 하지만 이와 같은 해결책을 얻기 위해 공학자는 특별한 방식을 사용해야 해.

공학의 주요 분야

- **기계공학**은 기계시스템 및 기계장치, 기계설비의 설계와 기계 동력을 다루며, 힘과 운동을 연구해.
- **화학공학**은 원료와 화학 물질을 연구하고 새로운 재료와 공정을 개발해.
- **도시공학**은 건축물, 도로, 다리, 댐 등을 설계하고 건설하는 것을 포함해.
- **전기공학**은 컴퓨터 칩 같은 전기시스템 설계와 전력을 연구하지.

이 외에도 공학에는 컴퓨터공학, 항공우주공학, 생체의학공학, 자동차공학, 제조공학, 지질공학 등 여러 분야가 있어.

의문에 대한 해답을 얻기 위해 여러 단계의 과학 탐구 과정을 거쳤던 것처럼, 공학 설계 과정도 공학 계획을 자세하게 세울 수 있도록 도와줘. 공학 설계는 설계를 통해 해결할 수 있는 문제점이나 해결해야 할 필요성이 있을 때 세워.

예를 들어 해양학자들이 해저를 연구하고 싶지만 물살이 빠르고 깊어서 잠수사가 활동하기 힘들다고 생각해 봐. 공학자는 그 문제에 관한 선행연구를 조사하고, 설계를 시작하는 데 필요한 모든 설계 사양을 결정하며, 설계에 영향을 미칠 수 있는 제약(제한점)을 밝혀낼 거야.

설계 사양
공학자가 자신의 설계에서 충족시켜야 하는 요건들

제약
물리적, 사회적, 재정적으로 생기는 제한점 또는 한계

즉, 공학자는 해양학자들이 해저에서 어떤 종류의 정보를 찾으려고 하는지 조사할 거야. 설계 사양에는 잠수사가 얼마나 깊이 잠수해야 하는지, 물살이 얼마나 빠른지에 관한 정보 등이 포함될 수 있겠지. 또 공학자는 문제를 해결하는 데 얼마의 비용이 들며, 어떤 재료가 심해에서 작동할 것인가 등의 제약 조건도 찾아낼 거야.

문제점을 확인하고 필요한 정보를 모두 수집했으면, 다음 단계는 가능한 해결책을 제시하는 거야. 과학 탐구 과정에서는 가설을 세우지만, 공학 설계 과정에서는 설계 내역서를 만들어. 먼저 생각나는 대로 마구 아이디어를 쏟아 낸 다음, 최선의 해결책을 찾기 위해 각각의 아이디어를 평가해.

공학자는 깊은 해저를 탐험하는 문제를 해결하기 위해 잠수사가 입을 수 있는 형태의 전동기를 생각해 낼 수도 있고, 빠른 물살을 밀고 나가며 정보를 전송할 수 있는 잠수 로봇을 생각해 낼 수도 있어. 그들은 어떤 접근법이 가장 효과가 있을지, 왜 그런지를 계속 질문하면서 더 좋은 해결책을 찾아.

33

최선의 해결책을 어떻게 찾을 수 있을까?
설계자는 무엇이 가장 좋은 선택인지 결정해야 할 때
다음과 같은 설계 기준을 고려해.

**내구성(강도) · 비용 · 외관 · 자원 · 시간
필요한 기술 · 안전성 · 정밀함**

해결책을 찾은 다음에는 **시제품**을 설계해. 시제품은 해결책의 대략적인 모습을 나타낸 간략한 아이디어라고 볼 수 있어. 기술 도면을 그리고 수치를 계산하여, 작동하는 방식에 따라 쉽게 조정할 수 있는 간략한 시제품을 만드는 거지.

시제품
쉽게 조정할 수 있는
예비 모델

로보-크랩

공학자는 잠수사가 겪는 문제점을 해결하는 최선책이 게처럼 움직이는 잠수 로봇이라고 결정할 수 있어. 다리가 여러 개 달린 게 모양의 로봇은 깊은 바닷속에서도 안정적으로 움직일 수 있고, 수면 위로 정보를 보내는 수중 음파 탐지기와 카메라를 싣고 다닐 수도 있기 때문이지. 시제품의 설계가 완성되면, 도면을 청사진으로 사용하여 간단한 시제품을 제작해.

우리는 도면, 컴퓨터 모형, 스토리보드 등 다양한 방법으로 시제품을 설계할 수 있어. 다양한 재료를 사용하여 시제품을 제작할 수도 있지. 자잘한 나무 조각이나 장난감 블록, 판지를 사용할 수도 있고, 금속이나 플라스틱을 사용할 수도 있어. 심지어는 3D 프린터를 사용해 시제품을 만들 수도 있지!

다음은 시제품을 현실에서 사용할 수 있을지 검증해야 할 때야! 공학자는 다양한 환경에서 시제품이 어떻게 작동하는가를 보기 위해 여러 차례에 걸쳐 테스트를 진행해. 그리고 시제품이 얼마나 문제를 잘 해결하는지 자료를 수집하지. 만약 시제품이 제대로 작동하지 않으면, 새로운 해결책을 모색하거나 시제품을 재설계하기도 해. 시제품을 테스트한 결과를 이용해 더 나은 설계 방법을 찾아내서 시제품을 조정하거나 새로운 시제품을 만들지. 이러한 단계를 여러 번 반복한 후에야 공학자는 제대로 된 해결책을 찾을 수 있어. 여러 번의 실험과 설계, 제작 과정을 거쳐서 완성품을 만드는 거지. 글을 쓸 때 최종 원고를 완성하는 것처럼 그들은 자신의 설계가 완벽해질 때까지 수정을 거듭한 다음, 완성품을 만들어서 대중에게 소개하거나 판매하는 거야!

> 예측한 결과가 나오지 않았다고 해서 실험이 실패한 것이 아닌 것처럼, 작동하지 않은 시제품이라도 새로운 아이디어를 이끌어 낼 수 있어. 왜 작동하지 않는지 안다면 시제품을 작동시킬 새로운 방법을 찾는 데 도움이 될 거야.

공학 설계 과정

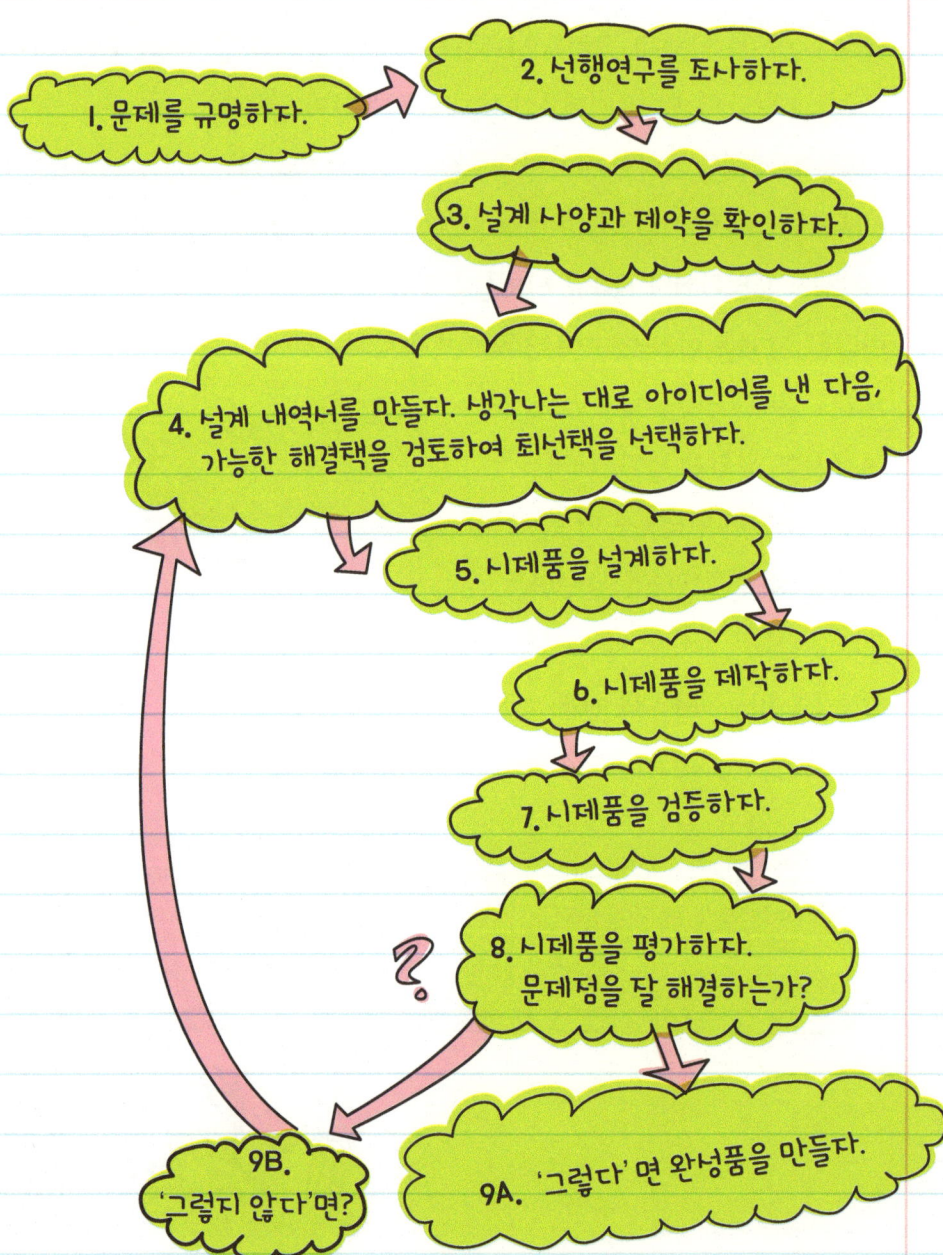

퀴즈

1~6. 아래의 용어와 정의를 올바르게 짝지어 보자.

1. 절차
2. 독립변수
3. 종속변수
4. 상수
5. 대조 실험
6. 추론

가. 실험에서 관찰된 결과를 말하며 독립변수에 따라 달라지는 것
나. 모든 변수가 상수로 고정되어 있는 실험
다. 과학자가 실험에서 고의로 바꾸는 변수
라. 실험에서 동일하게 유지되는 요인들
마. 실험 수행 방법에 관한 단계를 나열한 목록
바. 증거를 사용하여 직접 관찰할 수 없는 것에 관해 결론을 도출하는 것

7~9. 공원에 비둘기 25마리와 다람쥐 15마리, 토끼 5마리, 고양이 5마리가 있다.

7. 이 자료를 도표로 만들어 보자.

8. 이 자료를 막대그래프로 나타내 보자.

9. 주어진 자료만으로 선 그래프를 그릴 수 없는 이유는 무엇일까?

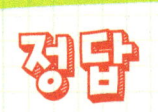

1. 마   2. 다   3. 가

4. 라   5. 나   6. 바

7.

표 : 공원에 있는 동물

동물	동물의 수
비둘기	25
다람쥐	15
토끼	5
고양이	5

8.

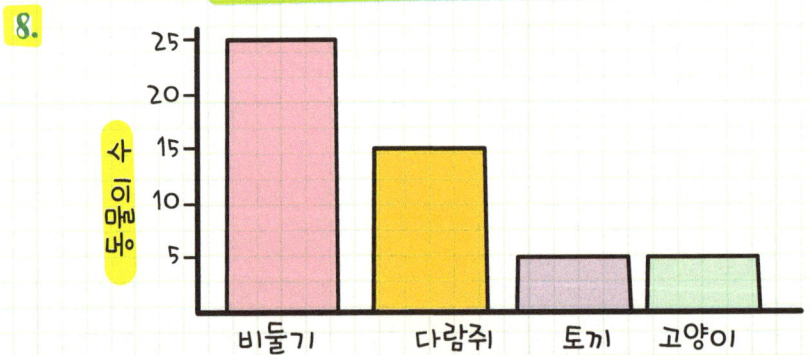

그래프 : 공원에 있는 동물

9. 선 그래프는 X축과 Y축에 표시된 두 변수 사이의 관계를 나타내는 방법인데 주어진 자료에서는 동물의 수와 비교할 수 있는 변수가 없기 때문에 그릴 수 없다.

비법노트 **3**장

실험 보고서와 평가 결과

실험을 통해 얻은 결과를 공유하는 건 다른 과학자들이 네가 한 실험 과정을 배우고 토론하여 보다 나은 실험을 할 수 있도록 도와줘. 과학자들이 각자 얻은 결론을 공유하고 비교하며 평가할 때, 비로소 과학 지식이 쌓이고 쌓여 더욱 풍성해지지. 실험 내용과 발견한 사실들을 다른 사람과 나누는 방법은 아주 다양해. 가장 쉬운 방법은 바로 실험 보고서 쓰기야.

실험 보고서 쓰기

실험 보고서는 보통 아래의 항목을 포함해.

제목 : 실험이 무엇에 관한 건인지를 알려 줘.

목표 : '이 실험을 하는 목적은 무언인가?' 또는 '내가 답을 찾으려 하는 질문이 무엇인가?'라는 물음에 대한 간단한 답을 쓰면 돼.

39

배경 정보 : 핵심 단어의 정의와 핵심 개념의 설명을 기록하는 곳이야.

가설 : 검증하려는 예측을 쓰면 돼.

재료와 장비 : 실험을 수행하는 데 필요한 재료와 장비를 기록하는 곳이야. 실험 기구에 관한 설명이나 그림을 덧붙일 수도 있어.

절차 : 실험을 수행하는 방법을 단계별로 설명하면 돼.

차트와 그래프, 도표에 제목을 달았는지, 그래프의 모든 축에 빠짐없이 정보를 써넣었는지 꼭 확인해.

자료 : 실험하는 동안 네가 얻은 모든 측정값과 관찰한 내용을 말해. 자료는 반드시 도표나 그래프, 도면과 같이 정돈된 방식으로 표시해야 해. 가장 좋은 측정값은 **정확**하고 **정밀**한 거야.

정밀도
측정값이 얼마나
일관되고 정확한가

정확도
측정값이 실제 값에
얼마나 가까운가

결론 : 실험을 통해 배운 내용과 실험 결과가 가설을 뒷받침하는지에 대한 여부, 실험자가 저지른 실수, 추가적인 실험을 통해 확인해야 할 의문점 등을 적으면 돼.

가끔 정확한 측정이 불가능하거나 비효율적일 때가 있어. 측정에 적합한 실험 도구를 갖고 있지 않거나, 측정값이 소수점이 무한대로 계속되는 경우처럼 말이야. 그러한 경우, 과학자는 때때로 **추정치**나 **어림수**를 사용해.

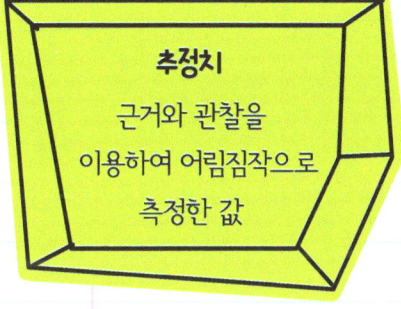

추정치
근거와 관찰을 이용하여 어림짐작으로 측정한 값

어림수
근삿값. 예를 들어 만약 네가 반올림하여 소수점 이하 첫째 자리까지 나타내고 싶다면, 소수점 이하 둘째 자릿수가 5 이상이면 올림을 하고 소수점 이하 둘째 자릿수가 4 이하면 내림을 하면 돼.

결과 평가하기

다른 과학자의 실험 결과를 평가할 때는 비판적으로 사고해야 해. 관찰한 내용을 실험 중에 기록했을까, 아니면 실험 후에 기록했을까.
결론이 이치에 맞는가, 자료가 결정적으로 가설을 입증하는가, 자료를 해석할 또 다른 방법은 없는가, 똑같은 결과를 반복하여 얻을 수 있는가,

정보의 출처는 믿을 만한가. 또한 실험을 수행한 과학자 개인 또는 집단의 의견이 한쪽으로 치우치지 않는가도 고려해야 해.
어느 한쪽 실험 결과를 평가할 때, 편견을 갖지 않고 공평함을 유지한다는 건은 실험 결과에 따른 특별한 이해관계를 갖지 않는다는 건을 의미해. 예를 들어 어떤 제약회사가 자신들이 개발한 신약이 얼마나 효과적인가를 검증하는 실험에 관여한다면, 실험과 연관된 특정 이해관계가 있는 거야. 만약 실험을 통해 신약이 효과가 있다는 결과가 나오면 제약회사는 이익을 얻게 되기 때문이지. 실험을 하는 사람들이 제약회사에 이익을 줄 목적으로 긍정적 결론을 낼 수도 있기 때문에 실험은 객관적이지 않아. 그러므로 결과를 평가할 때는 모든 편견을 버려야 해!

1. 정밀도와 정확도의 차이점을 설명해 보자.

2. 실험 보고서에서 가설이란 무엇일까?

3. 실험 보고서에서 절차란 무엇일까?

4. 결론에는 어떤 내용이 들어가야 할까?

5. 과학적 결론을 비판적으로 대해야 하는 이유를 설명해 보자.

6. 추정치와 어림수를 사용해야 하는 상황을 설명해 보자.

정답

1. 정밀도는 측정값이 얼마나 일관되고 정확한가를 의미하며, 정확도는 측정값이 실제 값에 얼마나 가까운가를 의미한다.

2. 가설은 실험을 통해 검증하고자 하는 예측을 말한다.

3. 절차는 실험을 수행하는 데 필요한 단계를 나열한 것이다.

4. 결론에는 결과의 요약, 자료가 가설을 뒷받침하는가에 대한 여부, 실험자의 실수, 추가적인 실험을 통해 확인해야 할 의문점 등이 들어가야 한다.

5. 실험을 수행하는 개인 또는 집단의 의견이 어느 한쪽에 치우쳐 있거나, 자료가 믿을 만하지 않거나, 동일한 결과가 반복해서 도출되지 않을 수 있기 때문이다.

6. 정확한 측정이 불가능하거나 측정한 값이 무한으로 반복되는 소수일 때 추정치와 어림수를 사용해야 한다.

비법노트 **4**장

국제단위와 측정

국제단위계(SI SYSTEM) 는 측정에서 기준이 되는 단위, 즉 기본 단위를 의미해.

> SI는 SYSTÈME INTERNATIONALE를 의미하는데, 이는 '국제단위계'를 뜻하는 프랑스어야.

SI 기본 단위

측정량	SI 단위(기호)
길이(거리)	미터(m)
질량	그램(g)
무게(힘)	뉴턴(N)
부피(용량)	리터(ℓ)
온도	켈빈(K)
시간	초(s)
전류	암페어(A)
물질량	몰(mol)
광도	칸델라(cd)

우리는 이두박근의 둘레를 잴 때도, 지구의 둘레를 잴 때도 SI 단위를 사용해야 해. 즉, 측정하려는 대상에 알맞게 단위 크기를 바꿀 수 있어야 하지. 그래서 과학자들은 기본 단위에 10의 거듭제곱을 곱하여 새로운 접두사 체계를 만들었어. SI 단위는 앞에 붙는 접두어를 바꿈으로써 크고 작은 측정에 사용할 수 있어.

SI 접두어 (기호)	승수
기가- (G)	1,000,000,000 (10^9)
메가- (M)	1,000,000 (10^6)
킬로- (k)	1,000 (10^3)
헥토- (h)	100 (10^2)
데카- (da)	10
[기본 단위]	1
데시- (d)	0.1 (10^{-1})
센티- (c)	0.01 (10^{-2})
밀리- (m)	0.001 (10^{-3})
마이크로- (μ)	0.000001 (10^{-6})
나노- (n)	0.000000001 (10^{-9})

전 세계의 95%가 SI 단위를 사용해 측정하고 있어.

위의 접두어보다 더 크거나 더 작은 특정 단위를 나타내는 접두어도 있어. 함께 살펴볼까?

더 큰 접두어	더 작은 접두어
요타 - Y - 10^{24}	피코 - p - 10^{-12}
제타 - Z - 10^{21}	펨토 - f - 10^{-15}
엑사 - E - 10^{18}	아토 - a - 10^{-18}
페타 - P - 10^{15}	젭토 - z - 10^{-21}
테라 - T - 10^{12}	욕토 - y - 10^{-24}

아주 큰 측정 단위는 기호도 대문자로 나타내고, 작은 단위는 소문자로 나타내. 또한 각 측정 단위를 나타내는 10의 거듭제곱은 서로 10^3만큼 차이가 나!

SI 단위 변환

SI 접두어 체계는 10의 거듭제곱에 따라 달라지기 때문에 단위에서 단위로 쉽게 바꿀 수 있어. 만약 더 작은 측정 단위로 바꾸고 싶으면, 자릿값의 차이만큼 소수점을 오른쪽으로 옮기면 돼. 반대로 더 큰 측정 단위로 바꾸고 싶으면, 자릿값의 차이만큼 소수점을 왼쪽으로 옮기면 되지.

0.001킬로미터
=
1미터
=
100센티미터

0.0033킬로미터
=
3.3미터
=
330센티미터

정확하게 측정하려면!

보다 정확하게 측정하려면 측정 대상에 맞는 단위를 사용해야 해. 만약 컵에 든 우유의 부피를 측정할 때와 똑같은 단위로 바다의 부피를 측정한다면, 양을 나타내거나 계산하기 매우 불편할 거야. 그러니 바다의 부피는 훨씬 더 큰 단위를 사용하여 측정해야겠지.

측정의 유형

길이 : 두 지점 사이의 거리

부피 : 어떤 물질이 차지하는 공간의 크기

질량 : 액체, 고체, 기체 상태에 있는 어떤 물질의 양

무게 : 질량에 의해 가해진 힘

> 사람의 몸무게를 측정한다는 건 그 사람이 지구에 가하는 힘을 측정하는 거야.

질량과 무게는 달라!

질량은 물체를 구성하는 물질의 양을 말하고, 무게는 질량에 의해 적용하는 힘을 말해. 무게는 중력에 의존하지만 질량은 그렇지 않아. 예를 들어 달이 지구보다 훨씬 적은 중력을 가지고 있기 때문에 달에서 잰 물체의 무게는 지구에서 보다 훨씬 적게 나가지. 질량은 항상 똑같게 유지되는 반면, 무게는 변해.

밀도 : 일정한 부피 속에 들어 있는 물질의 양

온도 : 물체의 뜨겁고 차가운 정도. 온도를 나타내는 SI 단위는 켈빈이지만, 대부분의 과학자는 SI 유도 단위인 섭씨온도를 사용하여 온도를 측정해.

> 켈빈은 °기호를 사용하지 않아.

가라앉을까? 뜰까?

밀도가 상대적으로 높은 물질이 밀도가 낮은 물질을 만나면 가라앉아. 물에 기름을 부으면 물 위에 뜨는데, 이는 기름이 물보다 밀도가 작기 때문이야. 돌멩이를 물에 넣으면 가라앉으니까 물보다 밀도가 크겠지? 물은 대략 1.0의 밀도를 가지고 있으니까 기름의 밀도는 1보다 작고(<1), 돌멩이의 밀도는 1보다 클 거야(>1).

아래는 섭씨온도와 켈빈온도 간의 변환 공식이야.

섭씨온도
켈빈온도

$$T_{(K)} = T_{(°C)} + 273.15 \text{ 또는 } T_{(°C)} = T_{(K)} - 273.15$$

미국에서는 온도를 잴 때 주로 화씨온도를 사용해.
아래는 화씨온도와 섭씨온도 간의 변환 공식이야.

$$T_{(°F)} = (T_{(°C)} \times \frac{9}{5}) + 32 \text{ 또는 } T_{(°C)} = (T_{(°F)} - 32) \times \frac{5}{9}$$

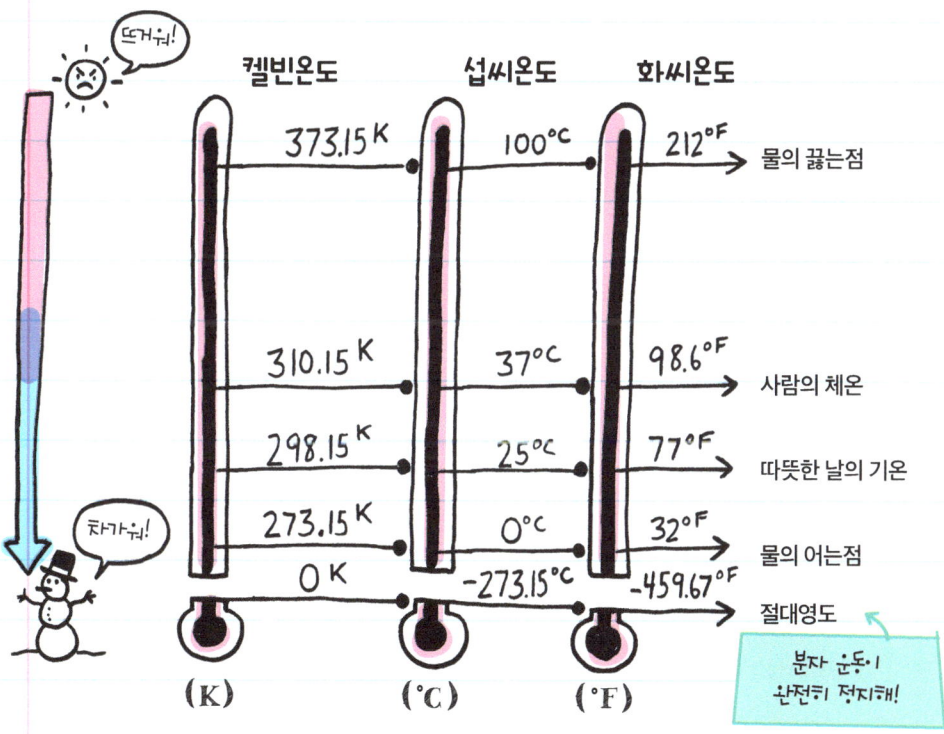

켈빈온도	섭씨온도	화씨온도	
373.15 K	100°C	212°F	물의 끓는점
310.15 K	37°C	98.6°F	사람의 체온
298.15 K	25°C	77°F	따뜻한 날의 기온
273.15 K	0°C	32°F	물의 어는점
0 K	-273.15°C	-459.67°F	절대영도 (분자 운동이 완전히 정지해!)

시간 : 사건과 사건 사이의 기간, 특 어떤 일이 지속되는 기간을 일컬어. 시간을 나타내는 SI 단위는 '초'야. 시간을 나타내는 기타 단위로는 분, 시, 일, 월, 년 등이 있지.

측정 도구

길이(거리)

미터 자 : 1미터(100센티미터) 길이의 자. 야드(YARD) 자보다 조금 더 길어.

굴렁쇠 측정자 : 긴 거리를 재려면 땅 위에 굴렁쇠 측정자를 굴리면 돼. 1미터를 걸을 때마다 딸각거리는 소리를 내지. 딸각 소리를 세어 기억하기만 하면 돼.

줄자 : 미터 자로 대기도 쉽지 않고, 굴렁쇠 측정자로 대기도 쉽지 않은 둥근 물체의 둘레를 잴 때 사용해.

부피

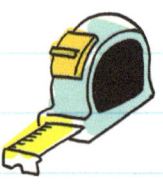

눈금 실린더 : 실린더의 표면에 액체가 얼마나 들어 있는지 가리키는 눈금이 그려져 있어. 용액의 부피를 측정하려면 용액 표면이 오목한 부분인 메니스커스의 눈금을 읽어야 하니까 눈높이를 꼭 수평으로 맞춰야 해.

고체의 부피 : 직육면체인 고체의 부피를 계산하려면 길이를 재는 도구를 이용해서 가로와 세로의 길이, 높이를 각각 측정한 후 이 세 가지 값을 모두 곱하면 돼.

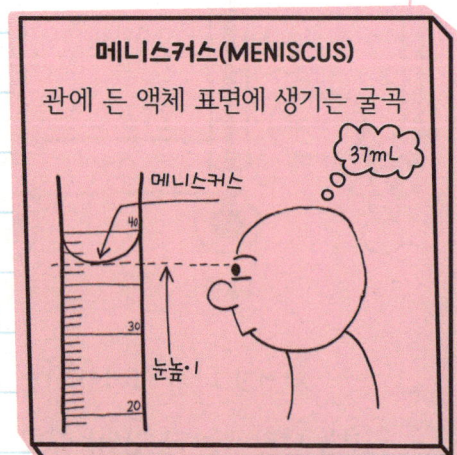

메니스커스(MENISCUS)
관에 든 액체 표면에 생기는 굴곡

부피 = 가로 × 세로 × 높이

다른 기하학적 모양을 한 물체의 부피를 계산하는 방식은 수학 비법노트에 적어 놨어.

불규칙한 고체의 부피 : 우리 몸처럼 모양이 울퉁불퉁하고 고르지 못한 고체의 부피를 측정하는 가장 좋은 방법은 물을 사용하는 거야. 불규칙한 물체를 물속에 집어넣은 다음, 넣기 전과 후의 물의 부피를 비교하면 물체의 부피를 구할 수 있어. 원래 물의 부피와 물체를 넣은 후의 물의 부피 차이가 바로 그 물체의 부피가 되는 셈이지. 예를 들어 목욕탕의 욕조 속에 들어갔을 때 늘어난 물의 높이, 즉 물의 부피가 바로 네 몸의 부피야!

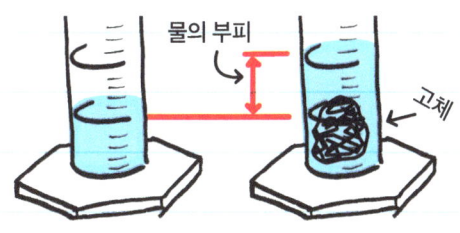

질량

전자저울 : 저울판 위에 물체를 올려놓고 숫자를 읽기만 하면 돼. 아주 간단하지!

접시저울 : 접시저울은 양쪽 접시 위에 있는 물체의 무게를 비교할 때 사용해. 질량을 알아내기 위해서 한쪽 저울에는 질량을 알고 있는 물체를 놓고, 다른 한쪽에는 측정하려는, 아직 질량을 모르는 물체를 놓지. 접시가 평행을 이루면 양쪽 물체의 질량은 똑같은 거야.

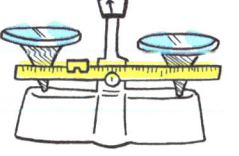

만약 용기 속에 담겨 있어야만 질량을 측정할 수 있는 물체라면 우선 빈 용기의 무게를 재고 난 다음 전체 무게에서 빈 용기의 무게를 빼면 돼.

3간 천칭 : 3간 천칭은 접시저울과 비슷하게 작동해. 하지만 접시저울은 양쪽에 접시가 있는 반면, 3간 천칭은 한쪽에는 접시가, 반대편에는 라이더라고 하는 미끄럼추가 각각 달려 있는 세 개의 저울대가 있어.

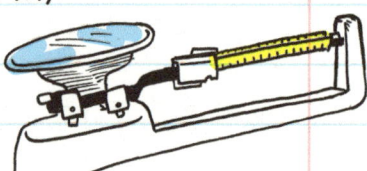

밀도

밀도는 일정한 부피 속에 들어 있는 물질의 양을 의미해. 물체의 질량과 부피를 각각 측정한 다음, 질량을 부피로 나누면 밀도를 구할 수 있어.

$$밀도 = \frac{질량}{부피}$$

시간

시간을 측정하기 위해 시계나 스톱워치를 사용할 수 있어. 일반 손목시계나 회중시계를 가지고 있다면, 종료 시각에서 시작 시각을 빼면 시간이 얼마나 걸렸는지 알 수 있지.

온도

온도계 : 온도를 잴 때 사용하는 도구로, 디지털 온도계와 액체 온도계 등이 있어. 액체 온도계는 온도에 따라 부피가 변하는 액체가 들어 있지. 온도를 잴 때 주의할 점은 온도계 끝의 동그란 부분이 액체가 든 비커나 그릇 바닥에 닿지 않아야 한다는 거야. 이 동그란 부분이 측정하고자 하는 액체의 중앙 부분에 위치해야 정확한 온도를 잴 수 있어.

퀴즈

1. 질량, 길이, 온도의 SI 단위를 각각 써 보자.

2. 강아지의 키를 측정하려면 어떤 도구를 사용해야 할까?

3. 눈금 실린더에 담긴 액체의 부피를 읽을 때 어느 부분의 눈금을 읽어야 할까?

4. 질량을 측정하는 데 사용되는 가장 쉬운 도구는 무엇일까?

5. 직육면체 고체의 부피는 어떻게 구할 수 있을까?

6. 질량과 무게의 차이점을 설명해 보자.

7. 50cm를 km로 바꿔 보자.

8. 부피란 무엇일까?

9. 물의 끓는점을(섭씨 100도) 켈빈온도로 나타내 보자.

10. 음료수가 든 컵에 클립을 넣으면 가라앉는다. 음료수와 클립 중 어느 것의 밀도가 더 높을까?

정답

1. 그램(g), 미터(m), 켈빈(K)

2. 미터 자

3. 용액 표면의 오목한 부분(메니스커스)

4. 전자저울

5. 직육면체 물체의 가로와 세로, 높이를 측정하여 모두 곱하면 부피를 구할 수 있다.(부피 = 가로 × 세로 × 높이)

6. 물체를 이루는 물질의 양을 질량이라 하고, 질량에 의해 가해지는 힘을 무게라고 한다.

7. 0.0005km

8. 부피는 어떤 물체가 차지하는 공간의 크기를 말한다.

9. $T_{(K)} = T_{(°C)} + 273.15$
   $= 100 + 273.15 = 373.15$
   따라서 373.15K이다.

10. 클립의 밀도가 더 높다.

비법노트 **5**장

실험실 안전과 실험 도구

실험실 안전

실험을 안전하게 하려면 무언이 가장 중요할까? 바로 행동하기 전에 먼저 생각하는 거야. 실험을 하는 동안 신중하게 생각하고 주의를 기울이면 사고를 예방하고 안전하게 실험을 하는 데 도움이 될 거야.

실험실 안전 규칙

실험복과 신발만 신으면 과학도 패션!

반드시 선생님이 있는지 확인하고, 주의 깊게 지시를 따라야 해.

보호용 앞치마와 실험복, 보호 안경, 장갑을 착용하여 화상이나 화학 물질 오염물, 날아다니는 물체들로부터 몸을 보호할 수 있도록 해야 해. 또한 실험 장비에 걸리거나 불이 붙을 수 있는 헐렁한 옷은 입지 않아야 해.

발을 보호해 주는 앞이 막힌 신발을 신어야 해.

긴 머리는 뒤로 묶는 게 좋아! 머리카락이 장비에 걸리거나 잡아당겨질 수 있고, 열을 이용한 실험을 할 때 불이 붙을 수도 있어.

화학 물질이나 살아 있는 것 또는 이전에 살아 있던 것을 만진 후에는 반드시 손을 씻어야 해.

실험실에서는 음식물을 먹거나 마시지 마. 네가 먹고 있는 음식물에 독성 있는 실험용 화학 물질이 튀는 것은 싫겠지?

실험실을 깨끗하게 정리 정돈해야 해. 특히 가방이나 윗옷처럼 실험에 사용하지 않는 물건은 치우도록 해.

뛰어다니거나 물건을 던지지 마. 누군가가 심각하게 다치거나 도구가 깨질 수 있어.

안전 장비

안전 장비 이용법과 보관 장소를 알아두면 더 안전한 실험을 할 수 있겠지?

세안수 : 화학 물질이 눈 안에 들어갔거나 튀었을 때 사용해. 즉시 15분 동안 눈을 헹궈 내도록 해.

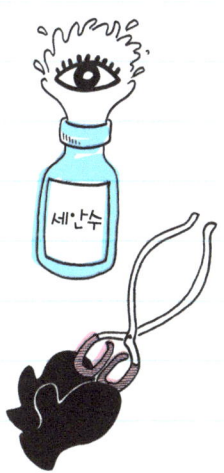

방열 장갑과 집게 : 뜨거운 비커나 장비를 다룰 때 사용해.

소화기 : 전기나 화학 제품, 가스로 인한 불을 끌 때 사용해.

방화용 모포 : 사람의 몸이나 작업대에 난 작은 불을 끌 때 사용해. 만약 사람의 몸에 불이 붙었다면 어떻게 해야 할까? 우선 몸을 모포로 감싼 후 바닥에 굴려야 해.

샤워기 : 화학 물질이 유출되어 피부에 직접 닿거나 옷에 묻었을 때 사용해. 화학 물질에 오염된 옷을 벗은 후 물로 몸을 헹궈 내야 해.

사고가 일어나면

하지만! 모든 안전 수칙을 지켰다 하더라도 사고는 일어날 수 있어. 사고가 일어나면 반드시 선생님이나 실험실 관리자에게 알려야 해.

가벼운 화상 : 적어도 5분 이상 흐르는 차가운 물에 화상 부위를 식혀야 해.

실험실 화재 : 어른에게 즉시 도움을 요청해야 해. 큰불은 입김을 불면 꺼지지 않을 뿐만 아니라, 오히려 불이 더 번질 수 있어. 또한 전기로 인해 난 불은 물로 끌 수 없어.

사람 몸에 불이 붙으면 : 바닥에 몸을 굴려야 해. 가능하면 방화용 모포를 두르면 더 좋겠지. 반드시 어른에게 도움을 요청해.

물을 쏟으면 : 물을 닦아 사람이 미끄러지지 않게 해.

화학 물질 유출과 유리 파편 : 누구도 사고 현장에 들어가지 못하게 해. 그리고 어른에게 도움을 요청해.

폐기물 처리

대부분의 실험실은 폐기물을 구분하여 버릴 수 있도록 폐기물 유형 표식을 붙인 쓰레기 용기가 있을 거야. 잘 모르겠으면 실험실 관리자에게 물어 봐.

위험한 폐기물

실험실에서 주로 접할 수 있는 위험한 폐기물에는 여섯 가지 유형이 있는데, 각 유형은 위험을 알리는 표식을 가지고 있어.

 생물 폐기물 : 피, 곰팡이, 동물 사체, 동물 배설물, 또는 이런 건에 오염된 모든 것

 **유독성 폐기물 :** 화학 약품이나 화학 용액, 특정 세척제처럼 독성이 있는 모든 것

 방사성 폐기물 : 실험실이나 X-선 장치에서 흘러나온 방사선에 오염된 모든 것. 아마 학교 실험실에서는 방사선 폐기물은 많이 보지 못할 거야.

 **가연성 폐기물 :** 휘발유나 가연성 용액, 알코올처럼 불이 쉽게 붙는 것

 **부식성 화학 폐기물 :** 산, 염기, 폐건전지와 같이 부식성이 강한 위해성 화학 물질

 **날카로운 물건과 유리 기구 :** 바늘이나 칼날처럼 날카로운 물건이나 깨진 유리

실험할 때 주의해야 할 점

열

지켜보는 사람이 없을 때는 절대 열원을 방치하지 마.

절대로 밀폐 용기에 든 물건을 가열하지 않도록 해. 폭발할 수도 있거든.

뜨거운 용기를 다룰 때는 장갑이나 집게를 사용하도록 해.

화학 제품

화학 제품을 맛보거나 직접 냄새를 맡으면 절대 안돼.
냄새를 맡아야 할 때에는 손으로 바람을 일으켜 살짝 맡아야 해.

화학 물질을 다룰 때는 장갑, 앞치마, 실험복을 꼭 입어서 물질이 피부에 닿지 않도록 해야 해. 화학적 화상을 입을 수도 있어.

화학 물질이 든 용기에는 항상 라벨을 붙여 둬. 라벨이 부착되어 있지 않은 화학 물질은 절대로 사용하지 마.

생물 재료

> **생물 재료**
> 살아 있거나 한때 살아 있던 재료

항상 장갑과 보호복을 착용하도록 해. 조심해서 다루지 않으면, 생물 재료가 박테리아와 질병을 옮길 수도 있어!

장갑을 꼈더라도 실험이 끝난 후에는 손을 꼭 씻어야 해.

살아 있는 표본은 조심해서 다루도록 해. 그리고 적합한 사료와 서식지를 제공해야 한다는 점을 명심해.
모든 살아 있는 표본의 생명은 매우 소중하기 때문이야.

> **박테리아**
> 세포벽은 있으나, 세포기관이나 체계적인 세포핵이 없는 단세포 유기체

전기

코드가 손상되지 않도록 해. 손상된 코드는 전기 화재를 일으킬 수도 있어.

전기 콘센트는 반드시 접지 상태를 유지하거나 싱크대처럼 물이 있는 장소에서 적어도 2m 이상 떨어진 곳에 두어야 해.

전기 장비는 반드시 물기 없는 상태를 유지해야 해. 플러그나 콘센트, 장비에 물기가 있으면 감전될 수 있어.

전기선은 걸려 넘어지거나 다른 장비에 걸려 손상되는 일이 없도록 이동하는 데 방해되지 않는 곳에 설치해야 해.

← 가열교반기

실험 기구와 실험 도구

스토브 윗면과 비슷한 **가열교반기**에는 온도를 조절하는 다이얼이 있어. 대개 시험관에 든 액체를 뜨거운 물에 넣어 가열할 때 사용하지.

> 그러니 어른이 지켜볼 때만 사용하도록 해.

물체를 가열할 때는 **분젠 버너**도 사용해. 가열교반기와 달리, 분젠 버너는 가스를 주입하여 발생하는 실제 불꽃을 이용하지. 가열교반기와 마찬가지로 선생님이나 어른이 있을 때만 불을 붙여야 해.

← 링 스탠드

← 분젠 버너

링 스탠드는 비커, 플라스크, 시험관을 고정할 때 사용해. 대개 화학 물질을 가열하거나 섞거나 측정할 때 사용하지.

> 실험실에는 다양한 종류의 유리 용기가 있어. 대부분 내열성과 내구성을 갖추고는 있지만, 너무 빨리 가열하거나 식히면 깨질 수도 있어.

비커는 액체를 붓기 쉬운 주둥이가 달린 유리컵처럼 생겼어. 표면에 그려진 눈금을 이용하여 대략적인 양을 측정할 수 있지. 하지만 측정한 양이 아주 정확하진 않아.

플라스크는 입구가 좁은 것만 빼면 비커와 비슷하게 생겼어. 좁은 입구를 마개로 막을 수 있지. 플라스크 한쪽 면에도 눈금이 그려져 있는데 정확한 양을 측정하기보다는 액체의 대략적인 양을 잴 수 있어.

시험관은 끝이 둥근 긴 유리 튜브처럼 생겼는데, 속이 비어 있는 긴 유리 손가락 같아.

마개는 시험관과 플라스크 목 부분에 꼭 들어맞는 고무 뚜껑이야. 어떤 건 마개에 구멍이 나 있어서 그곳으로 유리 튜브를 끼울 수 있어. 시험관이나 플라스크를 다른 도구와 연결할 수 있도록 말이지.

시험관 솔은 가느다란 시험관에 남아 있는 오물을 깨끗이 청소할 수 있게 해 줘.

교반 막대는 액체를 젓는 데 쓰는 유리 막대야.

깔때기는 액체를 한 용기에서 다른 용기로 흘리지 않고 깔끔하게 부을 수 있게 해 줘. 깔때기의 위쪽은 넓고 아래쪽은 좁아서, 액체가 한데 모여 가운데 통로로 빠져 흐르게 되지.

현미경은 작은 물체를 확대하여 크게 관찰할 수 있게 해 주는 도구로, 확대경이라 할 수 있어.

현미경을 사용할 때에는 보통 **슬라이드** 위에 물체를 올려서 관찰해. 슬라이드는 납작한 유리 조각이거나 중간에 작은 홈이 있는 유리 조각인데, 이 홈은 표본을 고정해 주는 역할을 하지.

보통 실험실에서는 물체를 확대하기 위해 2개의 렌즈가 들어 있는 **복합 현미경**을 사용해. 복합 현미경은 배율이 서로 다른 렌즈를 회전시키며 확대율을 변경할 수 있어. 고배율로 확대하여 초점을 맞출 때에는 렌즈가 슬라이드에 닿아 표본을 깨뜨리지 않도록 주의해야 해!

퀴즈

1. 실제 불꽃을 사용하여 물체를 가열하는 도구의 이름은 무엇일까?

2. 화학 물질의 냄새를 맡을 때 가장 안전한 방법은 무엇일까?

3. 실험실에서 뜨거운 비커를 다룰 때 사용하는 장비의 이름은(2가지) 무엇일까?

4. 비커처럼 생겼으나 입구가 더 좁은 도구의 이름은 무엇일까?

5. 살아 있거나 이전에 살았던 것을 포함하는 유형의 폐기물은 무엇일까?

6. _____ 스탠드는 비커, 플라스크 등을 고정할 때 사용한다.

7. 작은 불씨를 덮거나, 사람 몸에 붙은 불을 감싸서 끌 때 사용하는 장비는 무엇일까?

8. 현미경을 사용할 때 표본을 어디에 올려서 관찰할까?

9. 현미경을 고배율로 확대할 때 주의할 점은 무엇일까?

정답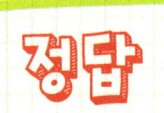

1. 분젠 버너

2. 손으로 바람을 일으켜 냄새를 맡는다.

3. 방열 장갑과 집게

4. 플라스크

5. 생물 폐기물

6. 링

7. 방화용 모포

8. 슬라이드

9. 회전판을 돌리다가 렌즈가 슬라이드에 닿아 깨지지 않도록 해야 한다.

물질, 화학 반응, 용액

물체, 물질, 분류, 성질, 물, 공기, 고체, 액체, 기체, 혼합물, 분리, 증발, 순물질, 용해, 용매, 용질, 용액, 온도, 농도, 원소, 원자, 이온, 전하, 끓는점, 녹는점, 어는점, 용해도

 비법노트 **6**장

물질, 성질, 상

물질과 원자

물질은 우리가 눈으로 보고, 손으로 만질 수 있으며, 코로 냄새를 맡을 수 있고, 피부로 느낄 수 있는 모든 것을 일컬어. 질량을 가지고 있고 공간을 차지하는 모든 것을 물질이라고 말하지. 심지어 공기를 포함한 거의 모든 것이 물질에 포함돼.

> **물질**
> 질량을 가지고 있고 공간을 차지하는 모든 것
>
> **원자**
> 물질을 이루는 가장 작은 단위

물질을 이루는 가장 작은 단위를 **원자**라고 불러. 금속 한 조각을 셀 수 없을 정도로 많은 조각으로 잘랐을 때, 그 금속의 성질을 여전히 지니고 있는 가장 작은 조각을 원자라고 하는 거야.

> 원자(atom)라는 단어는 '나누어 떨어지지 않는'다는 뜻의 그리스어에서 유래했어.

심지어 그때 그리스에는 입자가속기도 없었는데 말이야!

원자 모형

> 기억하지? 모형은 눈으로 보기 어려운 것들을 쉽게 관찰할 수 있도록 만들어 주는 거야.

원자는 더 작은 입자로 이루어져 있어.

양성자(양전하를 띤 아주 작은 입자)

중성자(전하를 띠지 않는 아주 작은 입자)

전자(질량이 거의 없는 음전하를 띤 아주 작은 입자)

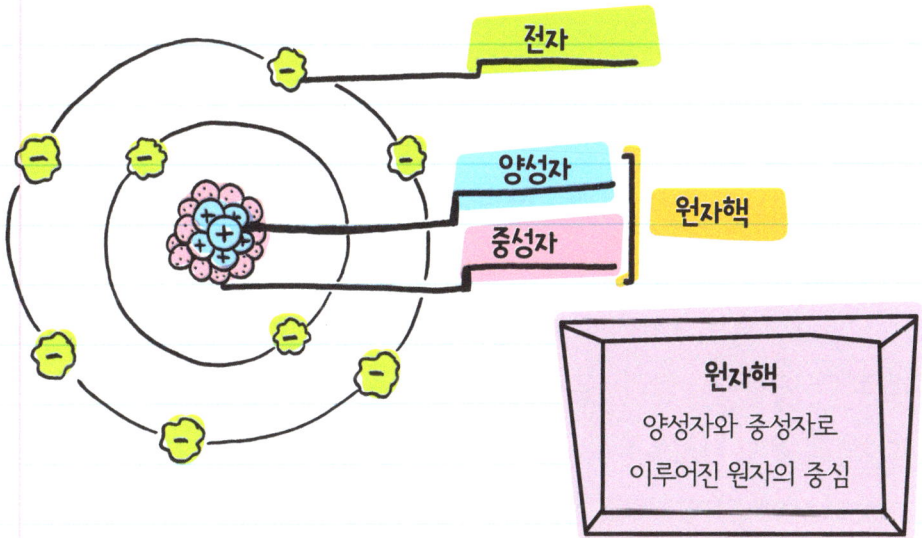

원자핵
양성자와 중성자로 이루어진 원자의 중심

양성자와 중성자가 서로 달라붙어서 원자의 중심을 형성하는데, 이를 **원자핵**이라고 해. 원자핵은 양전하를 띠고 있어. 전자는 원자핵의 궤도를 돌거나 주위를 빙빙 돌고 있지만, 속도가 너무 빨라서 정확한 위치가 어디인지 찾기 어려워.

현대의 원자 모형은 위의 모형처럼 개별 전자들을 나타내는 대신에 전자구름으로 나타내. 전자구름은 궤도를 돌고 있는 전자를 발견할 수 있는 구역을 나타내지. 구름의 밀도가 높은 곳에 전자가 있을 가능성이 높아.

원자 모형의 역사

존 돌턴은 원소가 더 이상 쪼갤 수 없는 원자로 구성되어 있다는 이론을 처음으로 제시한 과학자야. 돌턴은 크기가 너무 작아서 우리 눈으로는 볼 수 없는 입자가 존재한다고 생각했어. 그는 이러한 입자를 원자라고 이름 붙였지. 돌턴의 이론은 오늘날 원자설로 알려져 있어.

조셉 존 톰슨은 원자 속에 음전하를 띤 입자가 있다는 사실을 발견했어. 건포도 쿠키에 박혀 있는 건포도처럼 전자가 양전하를 띤 입자 사이에 단단히 박혀 있다고 설명했지.

어니스트 러더퍼드는 각 원자에는 양전하를 띤 작고 무거운 중심이 있다고 밝히고, 이를 원자핵이라고 불렀어. 그는 전자가 거의 빈 공간에서 원자핵의 궤도를 돌고 있다는 사실도 발견했지. 러더퍼드는 원자핵에 존재하는 양성 입자를 양성자라고 불렀어. 후에 러더퍼드의 제자 제임스 채드윅은 원자핵에 전하를 띠지 않는 입자가 존재한다는 사실을 발견하고 이를 중성자라고 이름 붙였지.

물리적·화학적 성질과 변화

어떤 물체의 모양, 촉감, 냄새, 맛 등은 모두 물리적 성질이야. 물리적 성질에 따라 물질을 분류하는 건 참 쉬워. 물질을 구분하는 데 일반적으로 사용되는 물리적 성질은 다음과 같아.

색깔　크기　밀도

유연성(얼마나 쉽게 납작해지고, 휘어지는가)

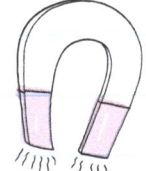

자성(자기적인 성질을 가지고 있는가)

끓는점과 녹는점(어떤 물체가 끓는 온도나 녹는 온도)

용해성(얼마나 쉽게 다른 물질에 녹는가)

물리적 변화는 물질의 크기나 모양, 상태와 같은 물리적 성질이 바뀌는 걸을 말해. 하지만 어떤 물리적 변화가 일어나도 생성되는 물질은 여전히 같은 물질로 이루어져 있어. 예를 들어 얼음이나 눈, 증기는 가열하거나 식히면 다시 물이 돼. 즉, 얼음, 증기, 물은 상태만 다를 뿐 전부 같은 물질이야.

화학적 성질은 어떤 물질이 화학적 변화를 일으킬 때 나타나는 특성을 말해.

화학적 성질의 예 ▶

가연성(얼마나 쉽게 불에 붙는가)

반응성(얼마나 쉽게 산소, 물, 빛 등에 반응하는가)

71

만약 물질의 화학적 성질 중 하나라도 변했다면 그 물질은 **화학적 변화**를 겪은 거야. 철문에 녹이 슬거나, 장작이 타서 재로 변하는 현상은 모두 화학적 변화의 예라고 할 수 있어. 화학적 변화가 일어나는 몇 가지 현상은 다음과 같아.

> **화학적 변화**
> 물질이 새로운 성질을 띠며 원래와 다른 물질로 변하는 것

색깔 변화 : 사과를 깎아 놓았을 때 갈색으로 변하는 것과 같아.

에너지 변화 : 화학 물질은 반응할 때 빛과 열의 형태로 에너지를 발산해.

폭죽을 떠올려 봐.

냄새 변화 ← 썩고 있는 음식을 생각해 봐.

기체 또는 고체의 형성 : 찰흙에 베이킹 소다를 넣을 때처럼, 두 개의 서로 다른 물질을 섞을 때 거품이 생기는 것을 종종 볼 수 있어. 거품이나 기체가 만들어지는 것은 두 물질이 섞이면서 화학적 변화가 일어나고 있다는 것을 의미해.

한 번 화학적 변화가 일어나면 그 전 상태로 되돌리기가 힘들어. 다 타 버린 재를 다시 나무 장작으로 되돌린다고 생각해 봐. 매우 어려운 일이겠지?

> **합성물질**은 자연에 존재하는 물질이 아니야. 천연자원에 화학적 변화를 일으켜서 만든 거지. 예를 들어 폴리에스테르는 공기와 물, 석탄, 석유를 이용해서 만든 합성섬유야. 각 물질이 화학반응을 일으키는 데 산성 용액과 알코올이 사용되는데, 그 결과 폴리에스테르가 만들어져.

질량 보존

물질이 물리적 또는 화학적 변화를 겪는 동안 모양이나 구성은 바뀔지 몰라도, 물질 전체의 양은 변하지 않아. 이걸 질량 보존이라고 해. 즉, 물질은 어떠한 변화가 일어나도 형태만 바뀔 뿐, 그 물질의 질량은 늘어나거나 줄어들지 않는다는 말이야. 물질을 구성하는 원자가 재배열하여 다른 물질이 되는 것이지, 원래의 질량은 그대로인 거야.

질량 보존
반응 전 물질의 총질량
=
반응 후 물질의 총질량

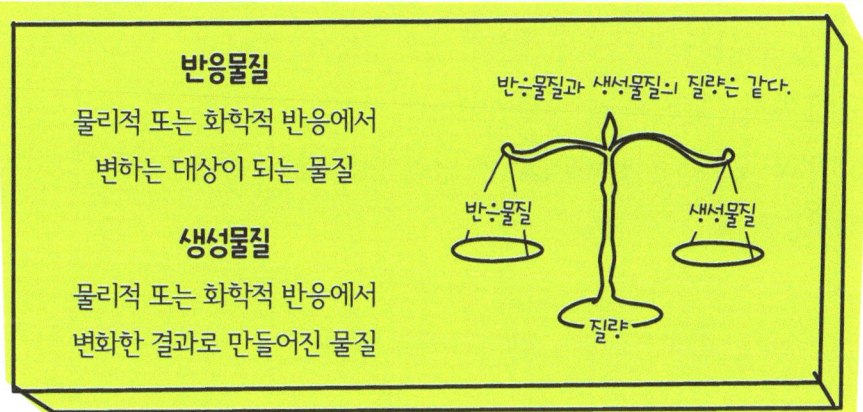

반응물질
물리적 또는 화학적 반응에서 변하는 대상이 되는 물질

생성물질
물리적 또는 화학적 반응에서 변화한 결과로 만들어진 물질

물질의 상태

우리 주변에 있는 대부분의 물질은 고체, 액체, 기체의 세 가지 상태로 존재해. 물질의 상태는 물질을 이루는 분자의 배열과 움직임이 결정하지. 분자 사이의 인력은 분자가 서로를 가깝게 끌어당기게 만들고, 운동 에너지는 분자가 움직일 때 분자 간의 인력에서 벗어날 수 있게 해 줘.

고체는 얼음이나 나무, 금속과 같이 정해진 모양과 부피를 가진 물질이야. 물질 속에 있는 분자들은 빽빽하게 배열되어 있어서 자유롭게 돌아다닐 수 없어. 그래서 고체는 정해진 모양과 부피를 가지는 거야. 고체 속 분자는 제자리에서 움직이는 제자리 운동을 하지만 서로를 끌어당기는 힘, 즉 인력을 이기기엔 부족해.

액체는 들어 있는 용기에 따라 모양이 변해. 하지만 부피는 용기에 따라 변하지 않고 고정되어 있지. 액체를 이루는 분자들은 인력을 이겨 낼 만큼 충분히 빨리 움직이고 있어서 고체에 비해 자유롭게 돌아다닐 수 있어.
액체가 흐르는 속도는 액체의 **점도**에 달려 있어. 점도는 흐름에 대한 저항력을 말해.

기체는 고정된 부피나 모양이 없어. 기체의 모양과 부피는 기체가 들어 있는 용기에 따라 달라. 액체와 달리 기체는 어느 용기에 담든지 그 용기를 가득 채울 수 있어. 기체를 이루는 분자는 널리 퍼질 뿐 아니라 매우 빠른 속도로 돌아다녀. 기체 분자는 너무 빨리 움직이기 때문에 분자 간에 작용하는 인력을 이겨 낼 수 있어. 이러한 성질 때문에 기체 분자는 스스로 흩어질 수 있지. 만약 네가 풍선에 들어 있는 기체를 밖으로 내보내면, 기체는 대기 속으로 골고루 흩어질 거야.

상태	특징	입자의 움직임
고체	고정된 모양과 부피. 흐르지 않음.	제자리에서 진동함.
액체	모양은 변할 수 있지만 부피는 고정됨. 흐를 수 있음.	비교적 자유롭게 움직임. 고정된 상태가 아님.
기체	모양과 부피가 고정되지 않으며 용기에 따라 변함. 흐를 수 있음.	분자들이 아주 빨리 움직이며 서로 멀리 떨어져 있음.

상 변화

물질은 늘 같은 상태로 있는 건이 아니야. 압력과 온도가 변함에 따라 물질의 상태가 바뀌는데, 이를 상 변화라고 해.

융해란 물질이 고체에서 액체로 바뀌는 현상을 말해. 이때 고체가 녹기 시작하는 온도를 **녹는점**이라고 하지. 고체에 가하는 열이 점점 늘어날수록 분자는 더 빨리 움직이고 결국 고체 물질은 녹기 시작해. 분자는 열에서 계속 에너지를 얻게 되면서 점점 더 많이, 빨리 움직이다가 결국 원래 있던 자리에서 벗어나게 되지.

100℃가 넘으면 물은 기체가 돼.
0℃와 100℃ 사이에서 물은 액체 상태야.
0℃ 아래에서 물은 고체가 되지.

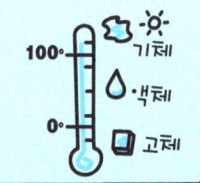

응고란 물질이 액체에서 고체로 바뀌는 현상이야. 액체의 온도가 떨어져 차가워지면 액체를 이루는 분자의 움직임은 점점 줄어들지. 분자의 운동이 점점 줄어들다가 분자 간에 서로 잡아당기는 힘을 이기지 못하는 순간, 액체가 고체로 변하는 거야. 이때 액체가 얼기 시작하는 온도를 **어는점**이라고 불러.

기화란 액체가 기체로 변하는 현상을 말해. 땀이 점점 마르는 것은 땀이 기화하거나 증발하는 거야. 이때 증발은 액체 표면에 있는 분자가 공기 속으로 튕겨 나가는 현상으로 액체 표면에서 서서히 일어나. 물을 가열해 끓기 시작하면 액체에서 기체로 변하는 온도에 도달한 거야. 열은 분자를 아주 빨리 움직이게 만들고, 액체 분자가 분자 간의 당기는 힘을 이겨 낼 만큼 빨리 움직이면 액체는 기체로 변해.

액화는 기체가 액체로 변하는 현상이야. 아주 차가운 음료수를 마실 때 유리컵 표면에 작은 물방울이 맺힌 걸 본 적이 있지? 그건 유리컵 주변의 공기(기체)가 응결하면서 표면에 물방울(액체)로 변했기 때문이야. 즉, 공기 중의 수증기(기체)가 차가운 유리컵에 닿아 열에너지를 잃으면 활발하게 움직이던 분자는 점점 천천히 움직이게 되고, 이 속도가 충분히 느려지면 분자 사이의 인력이 작용해 서로 달라붙어 액체가 되는 거야.

때때로 고체는 바로 기체로 변하는데, 이를 **승화**라고 해. 예를 들어 드라이아이스는 고체 이산화탄소에서 곧바로 이산화탄소로 승화하지. 밤사이 풀잎에 서리가 생기는 것처럼 증기도 바로 고체로 변하는데, 이것 또한 **승화**라고 해.

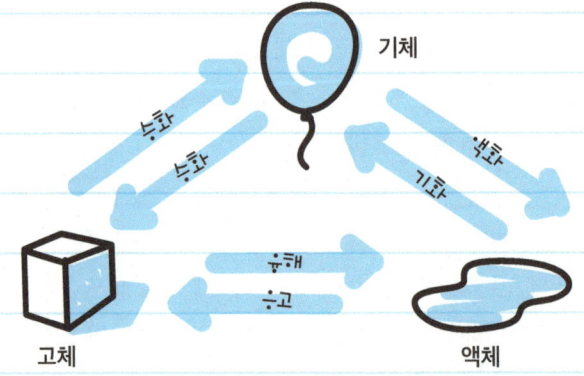

1. 원자에서 양전하를 띤 입자를 부르는 말은 무엇일까?

2. 톰슨이 제시한 원자 모형을 설명해 보자.

3. 물체의 색깔, 크기, 밀도, 유연성, 끓는점 등을 물체의 _____ 성질이라 한다.

4. 종이를 태우면 처음보다 질량이 커질까, 아니면 작아질까?

5. 물질이 녹을 때 온도를 일컫는 말은 무엇일까?

6. 물질의 기화점(끓는점)에서는 어떤 변화가 일어날까?

7. 고체, 액체, 기체 상태에서 분자 운동을 비교해 보자.

8. 점도란 무엇일까?

9. 기화와 액화를 각각 설명해 보자.

10. 고체 드라이아이스가 바로 이산화탄소로 변하는 현상을 _____ 라고 한다.

77

정답

1. 양성자

2. 톰슨은 건포도 쿠키에 박혀 있는 건포도처럼 전자가 양성자 사이에 함께 박혀 있다고 생각했다.

3. 물리적

4. 똑같다.

5. 녹는점

6. 끓는점에서 물질은 액체에서 기체로 변한다.

7. 고체 : 제자리에서 진동한다.
   액체 : 비교적 자유롭지만 기체보다는 덜 자유롭다.
   기체 : 빠르고 자유롭게 움직인다.

8. 점도는 흐름에 대한 저항력이다.

9. 기화는 액체가 기체로 바뀌는 것을 뜻하고, 액화는 기체가 액체로 바뀌는 것을 뜻한다.

10. 승화

 비법노트 **7**장

주기율표, 원자 구조, 화합물

주기율표

원자는 저마다 다른 수의 양성자와 전자를 가지고 있어. 그래서 물질의 물리적 성질에서도 모두 차이를 보여. 이러한 다양한 종류의 원자를 **원소**라고 부르는데, 지금까지 약 118개의 원소가 알려져 있어. 각 원소는 고유한 원자로 구성되어 있어.

> **원소**
> 원자의 한 종류

> **주기율표**
> 원소를 모두 나열한 표

이러한 원소는 모두 **주기율표**라는, 여러 칸으로 구성된 도표에 나열되어 있어.
각 원소는 **원소 기호**를 가지고 있는데, 1개 또는 2개의 알파벳 문자로 나타낸 기호야. 첫 번째 문자는 대문자로 표기하고, 두 번째 문자는 소문자로 표기해. 물론 두 번째 문자가 있는 경우겠지. 예를 들어 산소는 O라고 표기하고, 아연은 Zn이라고 표기해.

> **원소 기호**
> 원소를 1개 또는 2개의 알파벳 문자로 나타낸 기호

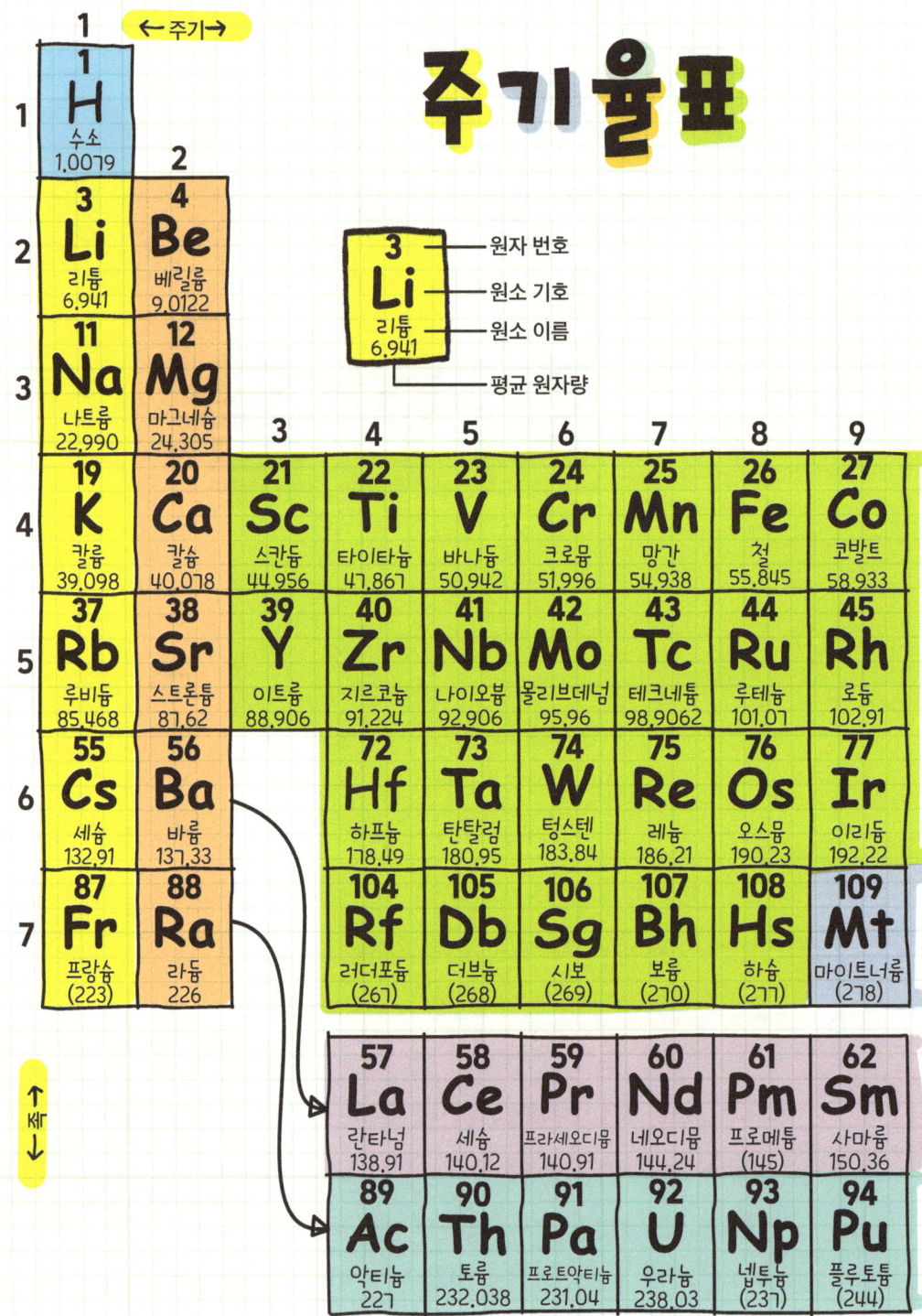

→ 알칼리 금속
→ 알칼리 토금속
→ 란타넘족
→ 악티늄족
→ 전이 금속
→ 알려지지 않은 원소들
→ 전이 후 금속
→ 준금속
→ 비금속

→ 할로겐 족
→ 비활성 기체

10	11	12	13	14	15	16	17	18
								2 He 헬륨 4.0026
			5 B 붕소 (10.811)	6 C 탄소 12.011	7 N 질소 14.0067	8 O 산소 15.999	9 F 플루오린 18.998	10 Ne 네온 20.180
			13 Al 알루미늄 26.982	14 Si 규소 28.085	15 P 인 30.974	16 S 황 32.059	17 Cl 염소 35.45	18 Ar 아르곤 39.948
28 Ni 니켈 58.693	29 Cu 구리 63.546	30 Zn 아연 65.38	31 Ga 갈륨 69.723	32 Ge 저마늄 72.63	33 As 비소 74.922	34 Se 셀레늄 78.96	35 Br 브로민 79.904	36 Kr 크립톤 83.798
46 Pd 팔라듐 106.42	47 Ag 은 107.878	48 Cd 카드뮴 112.41	49 In 인듐 114.82	50 Sn 주석 118.71	51 Sb 안티모니 121.76	52 Te 텔루륨 127.60	53 I 아이오딘 126.90	54 Xe 제논 131.29
78 Pt 백금 195.08	79 Au 금 196.97	80 Hg 수은 200.59	81 Tl 탈륨 204.38	82 Pb 납 207.2	83 Bi 비스무트 208.98	84 Po 폴로늄 209	85 At 아스타틴 (210)	86 Rn 라돈 (222)
110 Ds 다름슈타튬 (281)	111 Rg 뢴트게늄 (282)	112 Cn 코페르니슘 (285)	113 Nh 니호늄 (286)	114 Fl 플레로븀 (289)	115 Mc 모스코븀 (290)	116 Lv 리버모륨 (293)	117 Ts 테네신 (294)	118 Og 오가네손 (294)

63 Eu 유로퓸 151.96	64 Gd 가돌리늄 157.25	65 Tb 터븀 158.93	66 Dy 디스프로슘 162.50	67 Ho 홀뮴 164.93	68 Er 어븀 167.26	69 Tm 툴륨 168.93	70 Yb 이터븀 173.04	71 Lu 루테튬 174.97
95 Am 아메리슘 (243)	96 Cm 퀴륨 (247)	97 Bk 버클륨 (247)	98 Cf 캘리포늄 (251)	99 Es 아인슈타이늄 (252)	100 Fm 페르뮴 (257)	101 Md 멘델레븀 (258)	102 No 노벨륨 (259)	103 Lr 로렌슘 (262)

각 네모 칸 안에는 원소에 관한 정보가 들어 있어. 맨 위 숫자는 **원자 번호**를 나타내고, 맨 아래 숫자는 **원자량**을 나타내지.

— 원자 번호
— 원소 기호
— 원소 이름
— 평균 원자량

주기율표는 행과 열로 구성되어 있어. 각 가로 행을 **주기**라고 부르고, 각 세로 열을 **족**이라고 부르지. 원소는 원자 번호 순서대로 배열되어 있어서 한 칸씩 이동할 때마다 전자와 양성자가 한 개씩 더 많아져. 수소는 1개의 양성자와 1개의 전자를 가지고, 헬륨은 2개의 양성자와 2개의 전자를 가졌지. 같은 족에 있는 원소는 서로 비슷한 물리적·화학적 성질을 가져.

✓ 전자의 수도 마찬가지야.

원자 번호
원자에 포함되어 있는 양성자 개수. 원소는 원자 번호로 구분되는데, 각 원소가 각기 다른 수의 양성자를 가졌기 때문이야.

원자량
원소의 일반 원자가 가진 평균 질량

주기
주기율표에서 원소가 나열된 행

족
주기율표에서 원소가 나열된 열. 같은 족에 속한 원소는 비슷한 물리적·화학적 성질을 가지고 있어.

주기율표의 가로줄은 주기, 세로줄은 족이야. 주기율표는 18개의 족과 7개의 주기, 그리고 2개의 특수한 줄로 이루어져 있어.

원자 구조와 에너지 준위

원자는 원자핵과 전자로 이루어지는데, 원자핵은 양전하를 띤 양성자와 전하를 띠지 않는 중성자로 구성되어 있어. 전자는

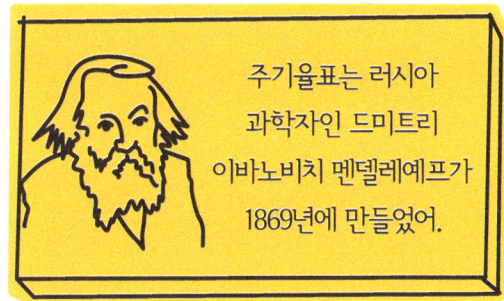

주기율표는 러시아 과학자인 드미트리 이바노비치 멘델레예프가 1869년에 만들었어.

전자구름의 형태로 원자핵 주위를 둘러싸고 있지. 이때 전자는 굉장히 빠른 속도로 핵 주위를 돌고, 끊임없이 움직이기 때문에 전자가 존재하는 위치를 정확하게 파악하기 어려워. 하지만 과학자들은 전자를 발견할 가능성이 있는 특정 구역을 찾아냈어. 전자는 핵 주위를 돌고 있기 때문에 이런 구역들은 핵을 둘러싼 고리 모양으로 생겼지.

이런 고리들을 에너지 준위라고 해. 에너지 준위는 핵에 가까울수록 낮고, 멀수록 높아. +와 - 사이에 작용하는 인력처럼 전자는 핵 방향으로 끌어당겨지기 때문에 핵에 가까운 전자일수록 핵에서 떨어뜨리기 힘들어. 왜냐하면 당기는 힘이 매우 강하기 때문이야. 또한 에너지 준위마다 가질 수 있는 최대 전자의 수가 정해져 있는데, 핵에서 가장 가까운 에너지 준위는 2개의 전자를 가질 수 있고, 그 이상의 에너지 준위는 대부분 8개의 전자를 가질 수 있어. 에너지 준위마다 채워지는 전자의 수는 원소마다 달라. 예를 들어 총 8개의 전자를 가지는 산소는 첫 번째 에너지 준위에 전자 2개가, 두 번째 에너지 준위에 전자 6개가 채워져.

산소 = 8개의 전자

동위 원소

같은 원소인데도 양성자수는 똑같지만 중성자수는 다른 원소들이 있어. 중성자가 더 많다는 건 원자가 더 무겁다는 걸 의미해. 즉, 원자 번호가 같은 원소지만 포함하고 있는 중성자의 개수가 달라서 질량수가 다른 원소를 동위 원소라고 해. 이런 동위 원소 때문에 주기율표에 나타난 원자량은 실제로 각 원소에 존재하는 동위 원소들의 원자량의 평균값이라 할 수 있어.

> **동위 원소**
> 원자 번호(양성자수)가 같지만 중성자수가 다르기 때문에 질량수(양성자수+중성자수)가 다른 원소

중성 원소

중성 원소가 가지는 양성자와 전자의 수는 똑같아. 즉, 양전하와 음전하가 서로 균형을 이루기 때문에 원소는 전하를 띠지 않지. 원자는 처음에는 전하를 띠지 않아. 따라서 원자 번호만 알면 양성자수는 물론 전자의 수도 알 수 있어. 또 원자량에서 원자 번호를 빼면 원자가 가지는 중성자의 개수도 계산할 수 있지.

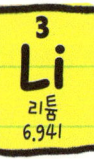

원자 번호, 양성자수, 전자의 수

평균 원자량

6.941 ≒ 7 (평균 원자량의 어림수를 구해.)

7 - 3 = 4 (원자량에서 원자 번호를 빼.)

리튬은 **4개**의 중성자를 가지고 있군.

원자량 - 원자 번호 = 중성자수

만약 평균 원자량을 7이라고 어림잡으면, 우리는 중성자와 양성자의 통합이 7이 된다는 사실을 알 수 있어. 원자 번호를 보고 양성자가 3개라는 사실을 확인했으니까 중성자는 4개라는 걸 알 수 있지.

이 모든 정보를 이용하여 원자 모형을 그릴 수 있어.

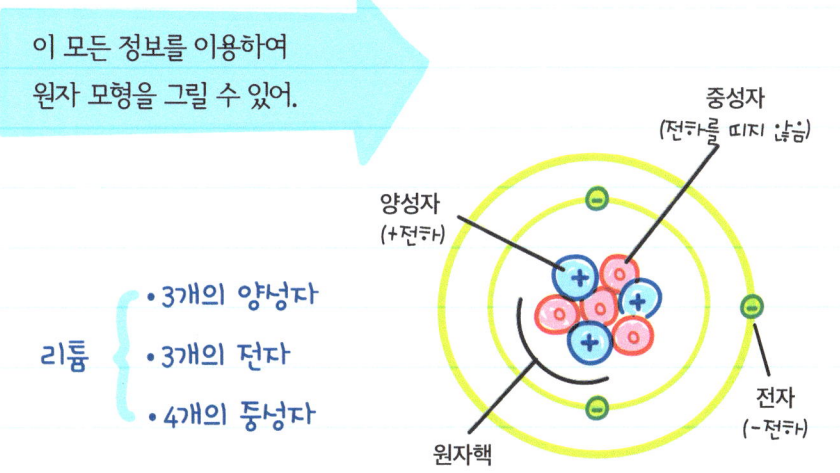

리튬
- 3개의 양성자
- 3개의 전자
- 4개의 중성자

이온

원자핵 주위에 있는 전자 중에는 다른 원자로 쉽게 이동할 수 있는 것들이 있어. 때문에 원자가 전하를 띠고 있기도 하는데, 이런 상태를 이온이라고 부르지. 이온 상태에서 전자는 양성자보다 많거나 적어. 만약 원자가 음전하를 띠고 있다면 그 원자는 전자를 얻은 것이고, 양전하를 띠고 있다면 전자를 잃은 거야. 이때 양성자의 개수는 변함이 없어.

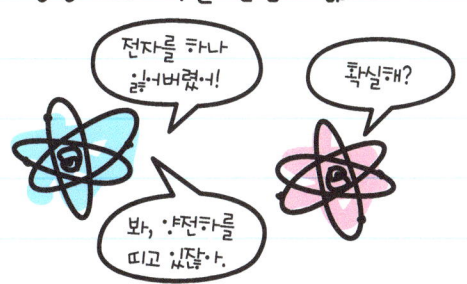

분자와 화합물

두 개 이상의 원자가 합쳐지면 **분자**를 형성해.

분자는 자주 다른 분자와 결합하여 **분자 화합물**을 형성하지.

가장 간단한 분자 화합물은 원자 두 개로 이뤄지는데, 이를 **이원자분자**라고 해.

접두사 '이'는 '두 개'를 뜻해.

질소와 산소는 'N_2'와 'O_2'처럼 이원자분자의 형태를 해.

우리는 아래와 같은 간단한 모델을 사용하여 다양한 분자의 원자 조성을 표현할 수 있어. 아니면, 컴퓨터가 구현한 3D 모델을 만들어 볼 수도 있지.

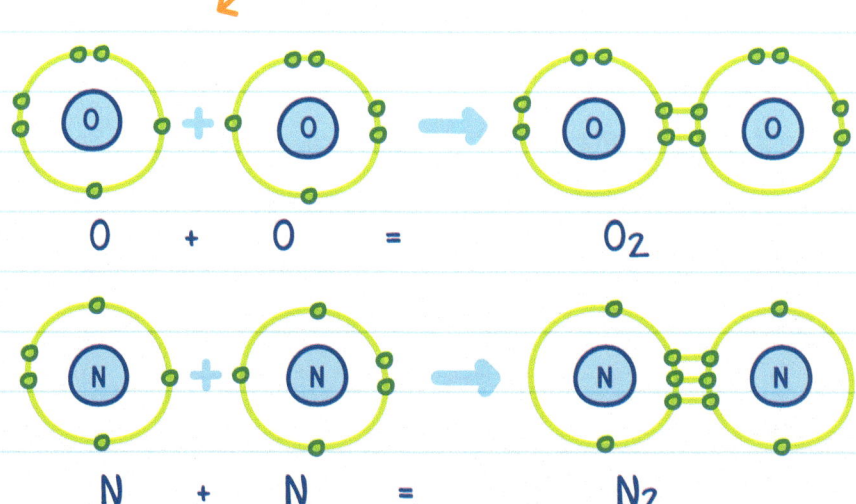

O + O = O_2

N + N = N_2

> 화합물은 개별 원소가 고유하게 지닌 특성과는 다른 새로운 특성을 가져. 아무리 많은 수소 원자와 산소 원자를 한데 모아도 전혀 물처럼 보이지 않을 거야.

원자는 왜 화합물을 형성할까?

원자는 항상 안정된 상태를 유지하려는 성질을 가지고 있어. 많은 원자들은 다른 원자와 결합함으로써 더욱 안정된 상태를 유지하지. 다른 원자에 전자를 내어 주거나 빼앗아 오기도 하고, 심지어는 다른 원자와 전자를 서로 나눠 갖기도 해.

전자는 어느 방향으로든 움직일 수 있지만, 원자핵을 둘러싸고 있는 전자껍질을 벗어나진 못해. 화학 결합은 서로 다른 원자의 전자껍질에 있는 전자가 짝을 지을 때 일어나지. 이런 화학 결합은 각 원자가 하나로 결합할 수 있는 힘이야. 원자가 껍질은 가장 바깥쪽에 있는 전자껍질로 여기에 속한 전자만이 화학 결합을 할 수 있어. 이때 결합에 참여하는 전자, 즉 원자가전자가 먼저 반응해서 원자의 화학적 반응을 일으키는 거야.

각 전자껍질(n)에는 숫자가 매겨져.

n2
n1

산소 = 8개의 전자

6개의 원자가 전자

87

화학식 쓰는 법

모든 화합물은 각기 원소들이 특정한 비율로 결합되어 있어. 화학식은 일종의 화합물 요리법이라고 할 수 있지. 어느 재료가 어느 정도 들어 있는지 설명해 주니 말이야. 화학식에서 각 원소는 1개 또는 2개의 알파벳으로 쓰인 화학 기호로 나타내고 원자 개수를 알려 주는 숫자는 화학 기호 오른쪽 아래에 작게 표시하지.

예시) 설탕에는 탄소 원자 12개와 수소 원자 22개, 산소 원자 11개가 들어 있어. 따라서 화학식은 $C_{12}H_{22}O_{11}$이야.

퀴즈

1. 현재까지 알려진 원소는 모두 몇 개일까?

2. 원소는 _____로 구분된다. 왜냐하면 원소마다 양성자 개수가 다르기 때문이다.

3. 주기율표에서 원소의 세로줄을 _____이라고 하며, 가로줄을 _____라고 한다.

4. 두 개 이상의 원자가 결합하여 이뤄진 것을 무엇이라고 할까?

5. 원자의 원자량이란 무엇일까?

6. 만약 원소의 원자 번호가 6이고 원자량이 15라면, 중성자는 몇 개일까?

7. 동위 원소란 무엇일까?

8. 화학 결합은 서로 다른 원자의 _____에 있는 _____가 짝을 지을 때 일어난다.

9. 원자가 서로 결합하는 이유를 설명해 보자.

정답

1. 118개

2. 원자 번호

3. 족, 주기

4. 분자

5. 원소에 해당하는 원자가 지닌 평균 질량으로 양성자수와 중성자수를 합한 수다.

6. 9개(15 - 6 = 9)

7. 같은 원소이지만 중성자수가 다른 것을 동위 원소라고 한다.

8. 전자껍질, 전자

9. 원자는 자신들의 전자를 서로 짝지어 더 안정된 상태를 만들기 위해 화학 결합을 한다.

 비법노트 **8**장

용액과 유체

물질, 혼합물, 용액

물질이란 더 이상 쪼개지거나 나눠지지 않고, 물리적 변화에 의해서도 성분이 변하지 않는 걸 말해. 하나의 물질은 단일 화합물로 이루어져 있어. 예를 들면 물(H_2O)은 하나의 물질이야. 물을 얼리거나 끓이는 것처럼 물리적 변화를 가해도 물은 여전히 H_2O야.

그와 반대로, **혼합물**은 다른 물질이 화학적으로 결합되어 있지 않고 그냥 섞여 있는 걸 말해. 샐러드 드레싱은 오일, 레몬즙 등 여러 물질이 섞인 혼합물이야.

샐러드 또한 혼합물이라고 할 수 있어.

혼합물에는 두 가지 종류가 있어.

불균일 혼합물 : 불균일 혼합물은 물질이 균일하지 않게 섞인 혼합물을 말해. 샐러드가 바로 불균일 혼합물이지. 샐러드를 아무리 많이 섞어도, 한 입 한 입 먹을 때마다 입안에 들어가는 내용물이 매번 다르거든.

> 불균일 혼합물을 뜻하는 HETEROGENEOUS MIXTURE에서 '헤테로(HETERO)' 라는 접두사는 그리스어로 '다르다'는 뜻이야. 불균일 혼합물은 항상 똑같지 않다.

균일 혼합물 : 균일 혼합물은 각 물질의 분자가 고르게 섞여 있는 혼합물로, 혼합물 내에서 서로 다른 부분을 찾을 수 없어. 설탕을 물에 녹여 만든 설탕물이 바로 균일 혼합물이지. 우리는 눈으로 설탕과 물을 분리해서 볼 수는 없어. 단지 설탕 분자와 물 분자를 동시에 가지고 있는 액체만 볼 수 있을 뿐이야.

> 균일 혼합물을 뜻하는 HOMOGENOUS MIXTURE에서 '호모(HOMO)'라는 접두사는 그리스어로 '같다'는 뜻이야. 균일 혼합물은 모두 똑같다.

균일 혼합물을 용액이라고도 해. 용액은 용질과 용매로 이루어져 있어. 용질은 녹는 물질이고, 용매는 용질을 녹이는 물질이야. 예를 들어 설탕물은 물(용매)과 설탕(용질)으로 구성된 용액이지.

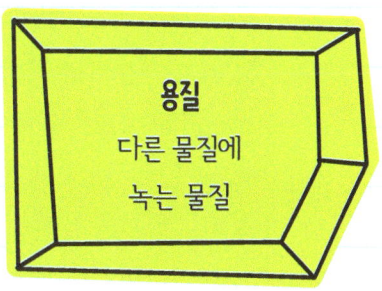

용액
용질과 용매가 고르게 섞여 있는 물질

보통 고체와 액체의 혼합물에서는 액체가 용매이고 고체가 용질이야. 액체끼리 혼합된 경우에는 더 많은 물질이 용매이고 적은 물질이 용질이지.

용질
다른 물질에 녹는 물질

용매
다른 물질을 녹이는 물질

용해도

용해도는 어떤 온도에서 용매에 최대로 녹을 수 있는 물질의 양을 말해. 용매가 용질을 녹일 수 있는 능력이라고 할 수 있지. 이때 수많은 요인이 용해도에 영향을 미쳐.

온도는 용해도에 영향을 미쳐. 대개 고체 용질은 물의 온도가 높을수록 더 잘 녹아. 차가운 물보다 뜨거운 물에 설탕이 더 잘 녹는 것도 이 때문이야.

기체도 액체에 녹을 수 있어!

탄산가스와 같은 기체 용질은 고체 용질과 반대야. 온도가 높아야 잘 녹는 고체와는 달리 기체는 온도가 낮을수록 잘 녹아. 차가우면 차가울수록 기체가 액체에서 더 잘 녹기 때문에 탄산음료를 차갑게 보관해야 김이 빠지지 않는 거지.

용액에 포함된 용매의 농도와 압력 또한 용해도에 영향을 줘.

농도

용액의 농도란 용액에 들어 있는 용질의 양을 뜻해. 진한 용액에는 용질이 많이 들어 있고, 연한 용액에는 용질이 아주 적게 들어 있지. 설탕물을 생각해 봐. 설탕이 많이 들어 있는 진한 설탕물은 아주 달겠지만, 연한 설탕물은 단맛이 덜할 거야.

과일 주스가 담긴 통을 보면 과일 음료의 농도가 적혀 있어. 만약 어떤 과일 음료의 과일 농도가 7%라면 음료의 7%가 과즙으로 되어 있고, 나머지는 물이나 설탕 등으로 구성되어 있다는 걸 의미해.

압력

유체란 액체나 기체처럼 흐를 수 있는 모든 걸 말해. 유체는 다른 모든 형태의 물질과 마찬가지로 주변에 미는 힘, 즉 압력을 가하지.
예를 들어 풍선을 가득 채우고 있는 공기는 풍선의 안쪽 면에 압력을 가하여 계속 부푼 상태를 유지해. 동시에 대기의 압력도 풍선의 바깥쪽에서 미는 힘을 가하지. 안쪽에서 미는 압력이 대기압보다 더 크다면, 풍선은 부푼 상태일 거야.
압력은 미는 힘의 크기에 비례하고, 그 힘이 가해지는 면적의 크기에 반비례해. 힘이 셀수록 압력이 커지고, 면적이 넓을수록 압력이 작아지지.

$$\text{압력} = \frac{\text{힘}}{\text{면적}}$$

흔히 사용하는 압력의 단위는 파스칼(Pa) 또는 기압(atm)이야.
1기압이란 해수면을 기준으로 대기가 지구에 가하는 압력을 말해.
우리가 높이 올라가면 갈수록, 대기 중에 있는 공기 분자의 수는 줄어들어.
따라서 기압 역시 낮아지지. 차를 타고 높은 곳에 오를 때
귀가 멍해지는 것도 바로 낮은 고도와 높은
고도 사이의 기압 변화 때문이야.
산 위에서는 더 낮은 온도에서 물이
끓는 건 또한 이 때문이지.
분자를 누르고 있던 압력이
줄어들었으니 냄비 속에 있는
물 분자가 더 쉽게 빠져나가 낮은 온도에서도 쉽게 끓어
기체로 변하기 때문이야.

위에서 누르는 힘이 별로 없어.

위에서 엄청난 힘이 우리를 누르지.

어떤 물체에 가해지는 압력의 크기는 물체를 누르는 물 또는
기체 분자의 양에 달려 있어. 한가득 쌓여 있는 책들을 떠올려 봐.
책더미의 아래쪽에 있는 책일수록 위에 더 많은 책이 있으니 큰 압력을
받게 될 거야. 물속 깊이 들어가면 수면에서보다 더 큰 압력을 받는 것도
같은 이유에서지.

1. 물질에 대해 설명해 보자.

2. 용매, 용질, 용액에 대해 설명해 보자.

3. 만약 힘의 크기가 같으면, 면적이 _____ 수록 압력이 커진다.

4. 바다에 깊이 들어갈수록 압력은 _____

5. 용액의 농도란 무엇일까?

6. 물, 공기, 기름 등 흐를 수 있는 모든 것을 가리키는 말은 무엇일까?

1. 물질이란 더 이상 쪼개지거나 나눠지지 않고, 물리적인 변화로 인해 그 성분이 변하지 않는 것을 말한다.

2. 용매는 다른 물질을 녹이는 물질이고, 용질은 다른 물질에 녹는 물질이다. 용액은 용질과 용매가 고르게 섞여 있는 균일 혼합물이다.

3. 작을

4. 커진다.

5. 농도란 용액 속에 들어 있는 용질의 양이다.

6. 유체

운동, 힘, 일

물체의 위치, 운동, 빠르기, 기준점, 속력, 속도, 힘, 중력, 자기력, 전기력, 마찰력, 힘의 합성, 운동의 표현과 기록, 관성, 가속도, 일률, 지레, 도르래, 빗면, 운동 에너지, 위치 에너지, 에너지 전환과 보존, 재생 에너지

 비법노트 **9**장

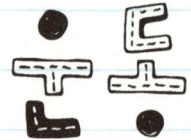

운동

운동이란 물체의 위치가 변하는 걸 의미해. 운동은 언제 어디에서나 일어나고 쉽게 찾아볼 수 있지. 네가 이 책의 페이지를 넘기는 것도 운동이고, 지구가 태양 주위를 도는 것도 운동이야. 만약 네 위치가 변하고 있다면 너는 지금 운동을 하고 있는 거야.

상대 운동

네가 길가에 서 있는데 그 앞을 트럭이 시속 48km로 지나간다면, 트럭은 시속 48km로 달리는 것처럼 보일 거야. 왜냐하면 너는 움직이지 않고 정지해 있기 때문이지. 하지만 네가 트럭과 나란히 시속 48km로 달리는 차 안에서 트럭을 본다면, 그 트럭은 움직이지 않는 것처럼 보여. 이처럼 운동은 상대적이기 때문에 항상 기준점과 비교하여 설명해야 해.

예를 들어 지구는 적도에서 시속 1600km가 넘는 속도로 회전하고 있지만, 우리는 지구가 돌고 있다는 걸 보거나 느낄 수 없어. 왜일까?
우리가 보는 모든 것이 지구와 함께 회전하고 있기 때문이야. 결국 우리의 기준점에서는 아무것도 움직이지 않는 거야.

속력

속력은 단위 시간 동안 물체가 이동한 거리를 말해.

$$속력 = \frac{이동\ 거리}{걸린\ 시간}$$

국제단위계에서 거리는 미터(m), 시간은 초(s)로 측정하니까
속력은 미터/초(m/s)로 나타낼 수 있어.

운동하는 물체의 속력은 처음부터 끝까지 일정하게 유지되지 않아.
운동하는 동안 물체의 속력은 바뀔 수 있고, 출발점이나 도착점 사이에서 더 빨라지거나 더 느려질 수 있어. 이럴 경우에는 물체가 운동하는 도중의 속력 변화를 생각하지 않고 총 이동 거리를 총 걸린 시간으로 나눈 값인 평균 속력을 구해야 해. 순간 속력은 특정 순간에 물체의 속력을 의미해. 자동차 계기판의 속도계를 보면 바늘이 가리키는 눈금이 계속 달라지는데, 이것이 바로 속력이 순간순간 변한다는 걸 뜻하는 거야.
예를 들면 100m를 10초에 주파하는 달리기 선수는 경기 내내 10m/s로 달릴 거라 예상하겠지만, 이 10m/s는 선수의 평균 속력일 뿐이야.
아마 결승점 부근에서는 평균 속력보다 훨씬 더 빨리 달리고 있을 거야.

속도

속도는 방향을 포함한다는 건 제외하면 속력과 똑같아. 만약 네가 2m/s로 달려가다가 갑자기 뒤돌아서서 반대 방향으로 2m/s로 다시 달렸다면, 속력은 똑같겠지만 속도는 달라질 거야. 처음에는 +2m/s로 뛰었지만, 방향을 바꾼 후에는 -2m/s로 뛴 셈이지. 따라서 속도의 크기는 같지만 속도의 방향은 정반대가 될 거야.

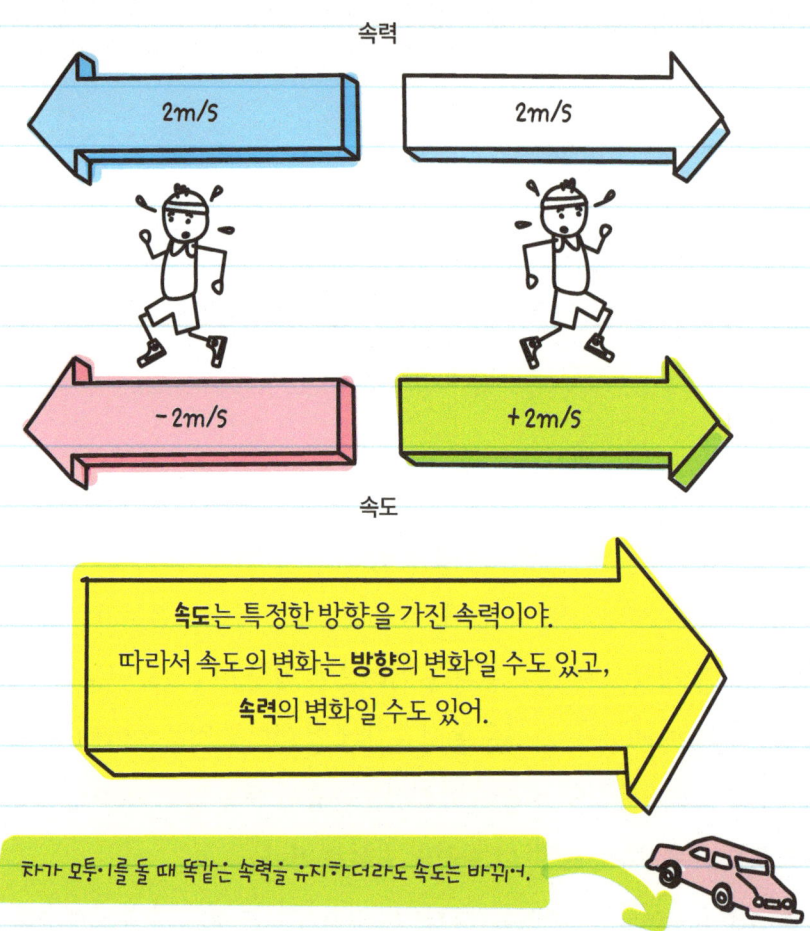

차가 모퉁이를 돌 때 똑같은 속력을 유지하더라도 속도는 바뀌어.

가속도

시간에 따라 속도가 변하는 비율을 가속도라고 해. 물체는 속도를 바꿀 때마다 가속하고 있어. 물체는 다음과 같은 때에 가속할 수 있어.

- 속력을 높일 때
- 속력을 낮출 때
- 방향을 바꿀 때

가속도의 공식은 다음과 같아.

$$가속도 = \frac{나중\ 속도 - 처음\ 속도}{시간}$$

나중 속도와 처음 속도(출발 속도)는 대개 미터/초(m/s)로 측정되고, 시간은 초(s)로 측정돼. 그러므로 가속도의 단위는 미터/초의 제곱(m/s²) 이야.

속도가 방향에 따라 달라지는 것처럼 가속도 역시 방향을 고려해야 해. 차가 모퉁이를 돌 때, 매번 같은 속력으로 돌았다고 해도 바깥쪽으로 밀려나는 힘과 같은 가속도를 느낄 수 있어.

가속도가 물체의 운동 방향과 같은 방향이면 양의 가속도라고 해. 양의 가속도는 물체의 속도가 빨라진다는 것을 뜻하지. 가속도가 물체의 운동 방향과 반대 방향이면 음의 가속도라고 해. 음의 가속도는 곧 물체의 속도가 느려진다는 것을 뜻하지. 이때 음의 가속도는 감속도라고도 해.

퀴즈

1. 속력을 구하는 공식을 써 보자.

2. 돌고래가 8초에 56m를 수영했고, 바다코끼리가 6초에 30m를 수영했다. 돌고래와 바다코끼리 중 누가 더 빠를까?

3. 평균 속력이란 무엇일까?

4. 속도가 속력과 다른 점은 무엇일까?

5. 만약 똑같은 빠르기로 사각형 건물 주위를 걷고 있다면, 속도와 속력은 각각 몇 번씩 변할까?

6. 트럭 운전사가 시속 30km로 운전하다가 유턴하여 반대 방향으로 시속 30km로 운전하기 시작했다면, 유턴한 후 운전자의 속력과 속도는 변했을까?

7. 가속할 수 있는 세 가지 방법은 무엇일까?

정답

1. 속력 = 이동 거리 / 걸린 시간

2. 돌고래의 속력 = $\frac{56m}{8s}$ = 7m/s

   바다코끼리의 속력 = $\frac{30m}{6s}$ = 5m/s

   돌고래의 속력이 7m/s, 바다코끼리의 속력이 5m/s야.
   따라서 돌고래가 더 빠르다.

3. 평균 속력이란 총 이동 거리를 총 걸린 시간으로 나눈 값이다.

4. 속도는 속력과 달리 방향도 고려해야 한다.

5. 속도는 4번 변한다. 사각형 건물의 각 면마다 방향이 바뀌기 때문이다. 하지만 주위를 걷는 동안 똑같은 빠르기로 걷기 때문에 속력은 변하지 않는다.

6. 방향을 바꿨기 때문에 속도는 변하지만 속력은 변하지 않는다.

7. 물체가 속력을 높이거나, 속력을 낮추거나, 방향을 바꿀 때.

비법노트 **10**장

힘과 뉴턴의 운동 법칙

힘

무엇이 물체를 움직이는 걸까? 무엇이 자동차의 속력을 높일까? 또 무엇이 자전거 바퀴를 돌리는 걸까? 정답은 바로 힘이야. 힘에는 미는 힘과 잡아당기는 힘이 있어. 물체의 운동 상태를 변화시키려면 이러한 힘들이 필요하지. 자전거 페달에 힘을 가하면 페달이 돌면서 자전거 바퀴도 돌아가. 또 엔진이 움직이는 힘으로 자동차가 움직일 수 있지.

힘은 항상 크기와 방향을 가지고 있어. 힘은 물체를 움직이게 하거나 속력, 운동 방향을 바꿀 수 있지. 운동이라고 해서 꼭 물체의 위치를 한 곳에서 다른 곳으로 옮길 필요는 없어. 물체의 모양을 바꾸는 것도 운동이거든. 네가 빈 음료수 캔을 찌그러뜨린다고 생각해 봐. 캔을 쓰레기통에 던지지 않았더라도 모양을 바꿔 놨으니, 너는 이미 운동을 한 셈이야.

알짜힘

운동하는 물체에 작용하는 힘이 하나 이상일 때가 있어. 예를 들면 냉장고에 붙어 있는 자석을 떼어 낼 때는 두 가지 힘이 작용해. 자석이 냉장고에 붙어 있으려고 하는 힘과 네가 자석을 떼기 위해 가하는 힘이지. 이렇게 한 물체에 가해지는 모든 힘을 합친 것을 알짜힘이라고 해. 알짜힘은 물체에 가해지는 모든 힘을 더하여 계산할 수 있어.

힘 + 힘 = 알짜힘

속도와 가속도처럼 힘도 방향을 가져. 따라서 알짜힘을 계산하려면 반드시 방향을 고려해야 해. 만약 힘의 방향이 같다면 힘과 힘을 더하면 돼. 하지만 힘이 반대 방향이면 뺄셈을 해야겠지.

내가 뉴턴이야!

힘은 **아이작 뉴턴**이 처음 계산했어. 그래서 힘을 측정하는 단위는 뉴턴의 이름을 따서 붙였지. 힘의 국제단위는 뉴턴이고 기호는 N이야.
1N은 1kg의 질량을 가진 물체가 $1m/s^2$의 가속도로 운동하는 데 필요한 힘을 뜻해.

$$1N = 1kg \times 1\frac{m}{s^2}$$

중력을 거스르며 사과 하나를 들고 있는 힘이 대략 1N이야.

힘과 운동

아이작 뉴턴은 힘과 운동이 어떤 관계를 가지는지 연구했어. 그리고 마침내 우주에 있는 모든 물체의 운동을 설명하는 운동 법칙을 제시했지.

> **뉴턴의 운동 제1법칙**
> 물체에 작용하는 알짜힘이 없다면,
> 운동하고 있는 물체는 계속 운동할 것이고
> 정지해 있는 물체는 계속 정지해 있을 것이다.

잔디밭에 놓여 있는 축구공을 떠올려 봐. 공을 발로 차는 것과 같은 외부힘이 축구공에 작용하지 않으면, 공은 움직이지 않고 그 자리에 가만히 있을 거야. 일단 공이 움직이면 공은 계속해서 운동을 하려 할 거야. 공과 잔디 사이의 마찰, 공기 저항, 중력, 또는 공을 멈추는 외부힘이 작용하지 않는다면 말이지. 만약 외부힘이 작용하지 않는 먼 우주 공간에서 공을 발로 찬다면 공은 끝없이 날아갈 거야. 별이나 행성의 중력이 공의 방향을 바꾸지 않는 한 말이지.

일어나! 학교 가야지!

하지만…, 관성이…

관성과 운동량

물체는 처음의 상태를 굳이 바꾸려 하지 않아. 움직이는 물체는 계속 움직이려 하고, 정지한 물체는 계속 정지해 있으려고 하지. 이렇게 물체가 운동 방향이나 속력에 변화를 주려고 하는 외부힘에 저항하려는 성질을 관성이라고 해. 물체는 외부힘이 작용하지 않는 한, 계속 정지해 있거나 계속 운동할 거야. 뉴턴의 운동 제1법칙이 관성의 법칙이라고도 불리는 이유가 바로 이 때문이야.

물체의 질량이 클수록 관성도 커. 농구공과 테니스공을 비교해서 생각해 봐. 만약 날아오는 두 공의 속도가 같다면, 테니스공을 잡는 것이 더 쉬울 거야. 테니스공의 질량이 농구공보다 더 작기 때문이지.

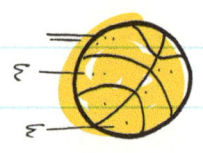

운동량은 물체의 운동 정도를 나타내는 양으로 물체의 관성이 얼마나 바꾸기 어려운지 알려 줘. 운동량은 다음 공식으로 계산할 수 있어.

$$운동량 = 질량 \times 속도$$

운동량 보존

만약 충돌이 일어나는 동안 마찰이나 열로 인해 에너지가 손실되지 않는다면, 충돌 전과 후의 물체의 운동량 총합은 똑같아. 예를 들어 네가 당구를 칠 때 처음 움직이는 공의 운동량은 부딪히는 공으로 완전히 옮겨지기 때문에 운동량 총합은 그대로 유지돼. 공이 서로 부딪힐 때 열로 전환되는 약간의 에너지를 제외하면 말이야. 운동량 보존 법칙을 통해 물체가 충돌할 때 충돌 전후 물체의 질량과 속도를 예측할 수 있어.

뉴턴의 운동 제2법칙

> **뉴턴의 운동 제2법칙**
> 물체의 가속도는 물체에 가해지는 알짜힘을
> 물체의 질량으로 나눈 값과 같다.

뉴턴의 운동 제2법칙은 힘과 가속도의 관계를 나타내. 즉, 물체에 가하는 힘이 클수록 물체가 더 빨리 가속한다는 걸 의미하지. 또한 물체의 질량이 클수록 가속하는 데 더 큰 힘이 필요하다는 것도 알 수 있어. 게다가 힘이 일정한 경우 질량과 가속도는 서로 반비례한다는 사실도 알려 줘. 힘과 가속도는 다음과 같이 나타내.

알짜힘을 줄여 '힘'이라고 쓰기도 해.

$$\text{가속도} = \frac{\text{알짜힘}}{\text{질량}}$$

위 공식을 알짜힘을 구하는 공식으로 바꾸면 아래와 같아.

$$\text{알짜힘} = \text{질량} \times \text{가속도}$$

힘과 질량 사이의 관계는 쇼핑 카트와 자동차를 미는 걸 비교해 보면 쉽게 알 수 있어. 만일 똑같은 힘을 가한다면 쇼핑 카트는 쉽게 밀리겠지만 자동차는 꼼짝도 하지 않을 거야. 결국 물체에 같은 힘을 가했을 때 질량이 크면 클수록 가속도는 작아진다는 것을 알 수 있어.

힘의 크기에 따라 물체의 속도는 빨라지거나 느려져. 따라서 알짜힘과 물체의 상관관계는 다음과 같이 설명할 수 있지.

> 알짜힘이 물체의 속도와 **같은 방향으로** 작용하면 물체의 속도는 빨라진다.(가속)

> 알짜힘이 물체의 속도와 **반대 방향으로** 작용하면 물체의 속도는 느려진다.(감속)

등 뒤에서 부는 바람을 맞으며 자전거를 타면 알짜힘이 자전거와 같은 방향으로 작용하기 때문에 가속하며 앞으로 나아가게 돼.

> 다음의 공식을 잊지 마.
>
> 가속도 = $\dfrac{\text{나중 속도} - \text{처음 속도}}{\text{시간}}$
>
> 속도는 운동이고 힘이 운동을 발생시켜. 그러므로 가속도는 힘과 관련이 있어.

힘의 불균형

반대로 앞에서 부는 바람을 맞으며 자전거를 타면 알짜힘이 자전거와 반대 방향으로 작용하기 때문에 감속하게 돼.

힘의 균형

힘의 크기가 서로 다를 때	힘의 크기가 서로 같을 때
힘의 크기가 큰 방향의 알짜힘을 갖는다.	힘의 크기가 서로 상쇄되어 알짜힘이 0이 된다.
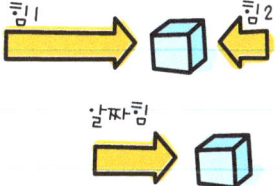	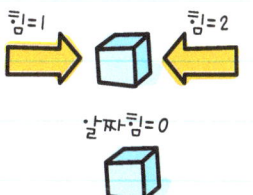

뉴턴의 운동 제3법칙

> **뉴턴의 운동 제3법칙**
> 힘은 항상 짝을 지어 작용한다. 모든 작용에는 크기가 같고 방향이 반대인 반작용이 존재한다.

볼링공을 가슴 가까이에 꼭 쥐고 있다가 앞으로 던졌다고 생각해 봐. 볼링공을 몇 미터 앞으로 던지는 동시에, 네 몸도 뒤로 밀려날 거야. 뉴턴의 운동 제3법칙은 크기는 같지만 방향이 반대인 힘에 관해 설명해 줘.

> 볼링공에 가해진 힘의 크기는 네 몸에 가해진 힘의 크기와 같아. 그리고 볼링공에 가해진 힘의 방향(앞)은 네 몸에 가해진 힘의 방향(뒤)과 정반대이지.

이러한 짝힘을 작용-반작용이라고 해. 이 힘은 서로 크기는 같지만 방향은 정반대이지. 네가 트램펄린에 착지할 때 트램펄린에 힘을 가하는 만큼, 트램펄린도 같은 크기의 힘을 반대 방향으로 가해 너를 높이 뜨게 하는 거야.

뉴턴의 운동 제3법칙은 달릴 때에도 적용돼. 네가 발로 땅을 밀 때 지구에 힘을 가하는 동시에, 지구 역시 똑같은 크기만큼 반대 방향으로 네게 힘을 가해 앞으로 나아가게 해. 그렇다면 너도 지구에 힘을 가하는데, 왜 지구는 꼼짝도 하지 않는 걸까? 뉴턴의 제2법칙을 떠올려 봐.

"가속도는 물체에 가해진 알짜힘을 물체의 질량으로 나눈 값과 같다."

지구는 너보다 훨씬 더 거대해. 그래서 네가 지구에 가하는 힘, 즉 지구가 너를 앞으로 가속하게 만드는 힘으로는 지구에 전혀 영향을 미칠 수 없어. 어쨌든 네가 지구에 힘을 가하고 있는 건 사실이야.

1. 물체에 작용하는 힘의 크기가 서로 같을 때와 다를 때의 차이점을 설명해 보자.

2. 동생과 형이 마주 보고 줄다리기를 하고 있다. 동생이 15N의 힘으로, 형이 10N의 힘으로 당겼다면 알짜힘은 얼마일까?

3. 뉴턴의 운동 제1법칙을 설명해 보자.

4. 만약 2,000kg의 자동차가 초속 3m의 가속도로 달린다면, 엔진이 차에 적용한 힘은 얼마일까?

5. 뉴턴의 운동 제2법칙을 설명해 보자.

6. 힘의 단위는 무엇이며, 1N은 얼마를 나타낼까?

7. 뉴턴의 운동 제3법칙을 설명해 보자.

8. 사람이 공중으로 점프했을 때, 사람은 움직이지만 땅은 움직이지 않는 이유를 설명해 보자.

정답

1. 힘의 크기가 같으면 힘의 크기가 서로 상쇄되므로 작용하는 힘이 없어진다. 반대로 힘의 크기가 다르면 힘의 크기가 큰 방향의 알짜힘을 갖는다.

2. 15N - 10N = 5N

3. 외부힘이 물체에 가해지지 않는 한, 운동하는 물체는 계속 운동하며 정지해 있는 물체는 계속 정지해 있을 것이다.

4. 알짜힘 = 질량 × 가속도 = (2,000kg) × (3m/s^2) = 6,000N

5. 물체의 가속도는 알짜힘을 질량으로 나눈 값과 같다.

6. 뉴턴, 1N = 1kg × m/s^2

7. 힘은 짝을 지어 작용한다. 모든 작용에는 크기는 같지만 방향이 정반대인 반작용이 존재한다.

8. 사람이 지구에 가한 힘과 지구가 사람에게 가한 힘의 크기는 같다. 하지만 지구와 사람의 질량이 다르기 때문에 지구와 사람은 서로 다른 가속도를 갖는다. 지구가 사람에게 가하는 힘은 사람을 공중으로 보낼 만큼 충분히 크지만, 사람이 지구에 가하는 힘은 지구를 움직일 만큼 충분하지 않다.

비법노트 **11**장

중력, 마찰, 생활 속의 힘

우리는 일상생활 곳곳에서 힘이 작용하는 것을 관찰할 수 있어.

중력
질량을 가진 물체끼리 서로 끌어당기는 힘

중력

중력은 물체가 땅에 떨어질 때만 작용하는 힘이 아니야. 중력은 모든 질량에 영향을 미쳐. 중력이란

중력은 항상 물체를 끌어당겨. 절대 밀어내지 않아.

질량을 가진 물체가 서로 끌어당기는 힘을 말해. 중력의 세기는 물체의 질량과 물체 사이의 거리에 따라 달라져. 질량이 클수록 중력도 커져. 그리고 서로 가까이 있을수록 더 큰 힘으로 끌어당기지.

중력이 모든 물체에 영향을 미친다면, 우리는 왜 길을 걷다가 빌딩 쪽으로 끌려가지 않는 걸까? 지구에 존재하는 물체들 사이에 작용하는 중력은 매우 작아서, 우리는 중력이 작용하는 것을 느끼지도 못해. 특히 지구의 중력과 비교했을 때는 더더욱 그렇지.

중력은 지구를 태양 궤도에 붙잡아 두기도 해. 태양의 질량은 매우 커서 태양계 내에 가하는 중력도 아주 강해. 지구를 포함하여 다른 행성을 궤도에서 벗어나지 못하게 할 정도로 말이야.

> 왜 태양 주변을 돌고 있는 행성은 태양 쪽으로 끌려가지 않는 걸까? 태양의 중력에도 불구하고 행성 또한 옆으로 움직이고 있지. 요요를 돌린다고 한번 상상해 봐. 마치 태양의 중력처럼 요요 끈을 잡고 요요를 끌어당기고 있지만, 요요 역시 계속 옆으로 움직이고 있기 때문에 중심으로 끌려오지 않고 계속 똑같은 원을 그리며 주변을 도는 거야.

무게

무게는 중력이 물체를 끌어당기는 힘의 크기를 나타낸 거야. 무게는 물체의 질량과 중력에 따라 달라져. 만약 저울로 두 물체의 무게를 잰다면, 질량이 클수록 무게가 더 많이 나갈 거야. 질량은 물체가 놓인 위치에 영향을 받지 않지만, 무게는 위치에 영향을 받아. 이는 위치에 따라 중력이 달라지기 때문이지. 예를 들어 달의 중력이 지구의 중력보다 작은 이유는 달이 지구보다 훨씬 더 작기 때문이야. 따라서 똑같은 물체일지라도 달에서 잰 무게는 지구에서 잰 무게보다 약 1/6 정도 덜 나가.

중력은 물체를 지구 중심 쪽으로 끌어당기기 때문에 지면을 향해 작용하는 일정한 크기의 가속도가 작용해. 지구의 중력 가속도는 약 $9.8 m/s^2$이야. 물체를 위로 던지면 물체의 속도는 점점 줄어들다가 어느 순간 완전히 멈춰 속도가 0이 된 다음, 다시 지면을 향해 점점 가속하며 내려와 부딪히게 되는 거지.

이것은 음의 가속도야.

마찰

뉴턴의 운동 제1법칙에서 움직이고 있는 물체는 외부힘의 영향을 받지 않는 한, 계속 그 운동을 유지한다고 했어. 이 비법노트를 책상 위에서 옆으로 밀어 봐. 점점 속도를 늦추다가 결국은 멈출 거야. 이 운동에 영향을 미치고 있는 외부힘은 무엇일까? 바로 마찰이야! 마찰은 책상 표면과 노트 표면 사이에서 노트의 움직임을 방해하는 힘으로, 항상 운동 방향의 반대 방향으로 작용해. 네가 스케이트보드를 탈 때 보드의 속도가 점점 느려지는 이유는 지면과 바퀴에 장착된 베어링 사이에서 발생하는 마찰 때문이야.

일반적으로 표면이 거칠수록 마찰이 커져. 물체의 표면을 일반 종이로 미는 것보다 사포로 미는 것이 더 힘든데, 이는 사포의 표면이 더 거칠어서 마찰이 더 크게 발생하기 때문이지. 반대로 표면에 윤기를 내 마찰력을 줄이기도 해.
우리 몸도 신기하게 마찰을 줄이는 방법을 알고 있어. 예를 들어 우리 무릎 안에는 액체가 들어 있어서 관절이 움직일 때 생기는 마찰을 줄여 주지.

공기에도 마찰이 존재해. 공기와 물체 사이의 마찰을 공기 저항이라고 해. 공중에서 깃털을 하나 떨어뜨리면 좌우로 흩날리며 떨어지는 것을 볼 수 있는데, 이는 공기 저항이 수직으로 떨어지는 깃털의 운동을 방해하기 때문이야. 마찰은 물체가 서로 접하는 표면에서 발생하는 힘이야. 그러므로 표면적이 넓은 물체일수록 공기 저항을 더 많이 받아.

> 마찰의 종류는 다음과 같아.

정지마찰 : 서로 움직이지 않는 물체의 표면에서 발생하는 마찰력이야. 정지 마찰은 물체의 표면에 있는 분자가 다른 물체의 표면에 들러붙어 있기 때문에 발생해.

움직임이 없음   힘→ ←정지마찰

미끄럼마찰 : 운동 마찰이라고도 하는 미끄럼마찰은 움직이고 있는 물체 표면에 생기는 마찰력이야. 네가 상자를 밀었을 때 상자의 움직임에 저항하는 마찰력이 바로 미끄럼마찰이지. 두 개의 표면이 정지마찰 때처럼 강하게 붙어 있지 않기 때문에 미끄럼마찰은 정지 마찰보다 힘이 덜 세. 그래서 물체가 움직일 수 있는 거야.

미끄러지는 움직임   힘→ ←미끄럼마찰

구름마찰 : 바퀴나 공과 같은 물체가 표면 위로 자유롭게 구르고 있을 때 표면에서 생기는 마찰력이야. 스케이트보드를 탈 때, 보드의 바퀴와 지면 사이에 생기는 마찰이 바로 구름마찰이지. 구름마찰은 미끄럼마찰보다 약해. 바로 이 때문에 바퀴가 있는 수레로 물건을 실어 나르는 것이 훨씬 더 쉬운 거야!

구르는 움직임   ←힘 구름마찰→

종단 속도

물체가 땅에 떨어질 때, 작용하는 힘은 두 가지가 있어. 하나는 중력이고, 또 다른 하나는 물체의 움직임을 거스르는 공기 저항이야. 공기 저항이 중력과 같아지면 두 힘이 서로 균형을 이루기 때문에 물체에 작용하는 알짜힘은 없어지게 돼. 알짜힘이 없으면 물체는 가속을 멈추고, 일정한 속력으로 떨어지지. 종단 속도란 중력이 공기 저항과 같아졌을 때 물체의 속도를 뜻해. 종단 속도는 여러 요인에 영향을 받는데, 물체의 표면적, 질량, 이동 방향은 물론 공기의 농도에 따라서도 달라져!

자기력과 전기력

자석의 양 극을 맞대어 보면 극끼리 서로 당기는 힘(인력)이나 서로 밀어내는 힘(척력)을 느낄 수 있어. 자석은 철이나 강철, 또는 다른 자석을 끌어당기는 물체를 말해. 자석은 양극(+극)과 음극(-극)을 가지고 있어. 서로 다른 극끼리는 끌어당기고, 같은 극끼리는 밀어내지. 따라서 양극을 음극에 가져다 대면 자기력은 서로 끌어당겨. 만약 음극과 음극을 맞대거나 양극과 양극을 맞대면 서로 밀어내는 척력을 느낄 수 있을 거야.

> 가끔 북극(N)과 남극(S)으로 불리기도 해.

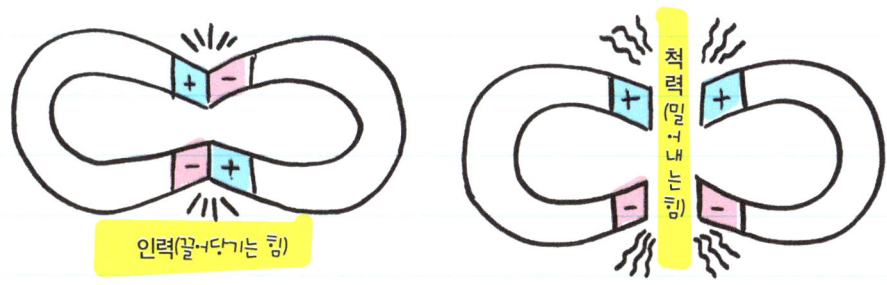

인력(끌어당기는 힘)

척력(밀어내는 힘)

전기력은 물질의 양전하와 음전하 같이 서로 다른 종류의 전하 사이에서 발생한다는 점에서 자기력과 비슷해. 자기력이 움직이지 않는 전하에서 발생하는 반면, 전기력은 움직이는 전하에서 발생하지. 전기력의 세기와 자기력의 세기는 둘 다 전하량과 전하 사이의 거리와 관련되어 있어. 전하가 셀수록, 그리고 전하끼리 서로 가까울수록 전기력과 자기력은 더 커져.

> **전기력**
> 다른 전하끼리 끌어당기는 힘과 같은 전하끼리 밀어내는 힘

전자기는 전기력과 자기장의 상호작용을 뜻해. 움직이는 전하는 모두 주변에 자기를 띤 영역을 형성하고 있거든. 전류가 흐르는 전선은 자기장으로 둘러싸여 있어. 이를 이용해 철심에 전류가 흐르는 전선을 감아 전자석을 만들 수도 있지. 전자석은 자석과 마찬가지로, 한쪽 끝은 북극이 되고 다른 쪽 끝은 남극이 돼.

> 막대의 북극과 남극은 전류가 흐르는 방향에 의해 결정돼. 만약 전류를 오른쪽 그림의 방향과 반대로 흘리면, 막대의 극도 반대가 될 거야.

구심력

속도는 속력과 방향을 모두 포함하고 있어. 따라서 원을 그리며 운동하는 물체는 방향이 계속 변하기 때문에 끊임없이 속도가 변해. 원운동을 하는 물체는 속도가 계속 변하는 가속도 운동을 하기 때문에 물체가 원운동을 하도록 만드는 외부힘이 존재해. 뉴턴의 운동 제2법칙에 따르면 힘은 질량 × 가속도와 같기 때문이야. 이때 원운동을 하는 물체에 미치는 힘을 **구심력**이라고 해. 구심력은 항상 원의 중심 방향으로 작용하고, 일정한 크기를 가지고 있어.

> **구심력**
> 물체를 원운동하게 만들면서, 원의 중심을 향해 작용하는 힘

구심력

구심력은 우리 주위에 얼마든지 존재하고 있어. 달이 지구 주위를 원운동하며 도는 것도 중력이 구심력으로 작용하며 영향을 미치기 때문이야. 우리가 요요를 공중에서 빙빙 돌릴 때도 줄이 잡아당기는 힘, 즉 장력이 구심력으로 작용하며 요요를 계속 원운동하게 하는 거야.

부력과 밀도

오리 인형을 계속 물에 떠 있게 만드는 힘을 **부력**이라고 해. 부력은 유체가 유체에 담긴 물체를 위로 밀어 올리는 힘이야.

부력은 물체가 대체하는 유체의 양과 유체의 밀도에 달려 있어. 유체의 밀도가 높고, 물체가 대체한 유체의 양이 적을수록 부력은 커져. 부력은 물체가 대체한 유체의 무게와 같아. 이 원리를 **아르키메데스의 원리**라고 해.

유체에 놓인 물체가 유체보다 밀도가 작으면 **뜨고**, 밀도가 크면 **가라앉을 거야**.

퀴즈

1. 질량을 가진 물체가 서로 끌어당기는 힘을 무엇이라고 할까?

2. 쇼핑 카트를 밀 때, 쇼핑 카트의 움직임에 반하여 생기는 마찰을 _____이라고 한다.

3. 구심력이란 무엇일까?

4. 구심력은 항상 원 궤도의 _____ 방향을 향한다.

5. 왜 깃털을 떨어뜨리면 좌우로 흩날리며 떨어질까?

6. 중력은 물체 사이에 _____가 증가할수록 줄어든다.

7. 자기력과 전기력에서 같은 전하끼리는 _____고, 다른 전하끼리는 끌어당긴다.

8. 공기 저항력이 중력과 같을 때, 떨어지는 물체는 _____ 속도에 도달한다.

9. 물에 떠 있는 보트를 위로 밀어 올리는 힘을 무엇이라고 할까?

10. 쇠공을 물에 넣었을 때 4.5kg의 물이 넘쳤다면 부력은 얼마일까?

125

정답

1. 중력

2. 구름마찰

3. 구심력이란 물체가 원운동하게 하는 힘을 말한다.

4. 중심

5. 공기 저항 때문이다.

6. 거리

7. 밀어내

8. 종단

9. 부력

10. 4.5kg

 비법노트 **12**장

일의 과학적 정의는 우리가 평소에 사용하는 '일'이라는 단어와 그 뜻이 달라. 과학에서 '일'이란 물체에 힘을 가했을 때 힘을 가한 방향으로 물체가 움직이는 걸 뜻해. 따라서 수레를 끄는 건 일이야. 가해진 힘과 수레의 움직임이 같은 방향으로 이루어졌기 때문이지. 지면에서 책을 들어 올리는 것도 일이야. 힘을 위쪽으로 가했고, 책도 위쪽으로 움직였기 때문이야. 일의 양은 물체에 가해진 힘의 양과 물체가 이동한 거리에 의해 결정돼.

일 = 힘 × 물체가 이동한 거리

일의 측정 단위는 줄(J)이며, 힘의 측정 단위는 뉴턴(N), 거리의 측정 단위는 미터(m)야.

얼마나 일을 했는지 계산하려면 운동 방향과 똑같은 방향으로 작용한 힘만 고려해야 해. 예를 들어 바구니를 들고 복도를 걸어가는 건 일이 아니야. 반면 바구니를 들고 계단을 올라가는 건 일이지.

왜냐하면 중력의 반대 방향으로 바구니를 들어 올리는 힘의 방향도 수직이고, 계단을 올라가는 이동 방향 역시 수직이기 때문이야. 힘과 이동 방향 모두 같기 때문에 일이라 할 수 있어. 반면 바구니를 들고 복도를 걸어가는 건은 이동 방향이 수평이기 때문에 바구니에 작용하는 수직 방향으로 이동한 거리는 0이야. 따라서 일을 계산할 때 수평으로 움직인 거리는 포함될 수 없어.

> **일**
> 가해진 힘에 움직인 거리를 곱한 양이야.
> 힘은 반드시 물체가 움직인 방향과 같은 방향이어야 해.
>
> 일 = 가해진 힘 × 이동한 거리
> 줄(J) = 뉴턴(N) × 미터(M)

때로는 물체를 움직이기 위해 가한 힘 중 일부만이 물체가 움직이는 방향으로 작용하기도 해. 아주 무거운 자루를 옮길 때, 결국 미끄럼마찰보다 큰 힘으로 조금씩 자루를 들어 올리며 움직이게 될 거야. 이때 작용하는 힘의 방향은 수직과 수평, 두 방향으로 힘을 가하게 되지. 하지만 자루가 움직이는 방향은 지면과 수평이야. 그러므로 일은 오직 수평 방향으로 가해진 힘만 계산해야 해.

일률

일률이란 일의 효율을 나타내는 양을 말해. 얼마나 빨리 또는 천천히 일을 하는가라고 표현할 수 있지. 일률이 높은 도구일수록 일을 더 빨리 할 수 있어.

$$일률 = \frac{일}{시간}$$

일률의 특정 단위는 와트(W)이며, 이때 시간의 특정 단위는 초(s)야.

단순 기계

인간은 일을 더 쉽게 하려고 기계를 발명했어. 기계를 떠올리면 트랙터나 자동차를 생각할 수도 있지만, 기계는 매우 간단한 것이기도 해. 일을 더 쉽게 만드는 모든 것이 결국 기계야. 심지어 빗면도 기계지. 단순 기계는 어떤 일을 완료하는 데 필요한 일의 총량을 줄이지는 못해. 그러나 물체가 이동하는 거리를 늘려서 똑같은 일을 하는 데 필요한 힘의 크기를 줄여 주지. 이처럼 기계를 이용하면 일을 더 쉽게 할 수 있어.

> **단순 기계**는 한 가지 움직임만을 가진 기계를 일컬으며, **결합 기계**는 단순 기계를 여럿 합쳐 만든 더 복잡한 기계를 일컬어.

빗면

빗면 또는 경사면은 단순 기계의 한 종류야. 빗면은 일의 거리를 늘림으로써 필요한 힘의 양을 줄여 줘. 진짜 무거운 상자를 트럭 뒤에 실어야 한다고 한번 생각해 봐. 빗면을 이용하여 상자를 밀어 올리는 것이 상자를 들어서 싣는 것보다 훨씬 힘이 덜 들거야. 상자는 결국 똑같은 높이에 도달했으니까 네가 한 일의 양도 똑같아. 비록 상자가 이동한 거리는 더 길지만 주어진 시간에 든 힘의 크기는 더 작아. 따라서 물체를 똑같은 높이로 들어 올릴 때는 빗면이 길수록 힘이 적게 들어.

•이집트인은 정말로 긴 빗면을 이용하여 피라미드를 만들었어.

쐐기

← 쐐기

쐐기는 움직이는 빗면이야. 쐐기는 물체를 자르거나 들어 올리는 데 필요한 일의 양을 줄여 주지. 쐐기의 예로는 칼, 도끼, 문 닫힘 방지 고무, 쟁기 등이 있어.

장작을 자를 때 필요한 힘의 양을 줄이려고 사람들은 쐐기 모양의 도끼를 사용해. 도끼를 사용하면 맨손으로 통나무를 잡아 뽑는 것보다 일하는 거리가 더 늘어나긴 하겠지만, 필요한 힘은 훨씬 줄어들 거야.

나사

나사는 빗면의 원리를 이용한 도구야. 옆으로 툭 튀어나온 부분을 나사산이라고 하는데, 나사는 나사산을 따라 움직여. 결국 빗면을 이용한 것처럼 이동 거리는 길어지고 힘은 적게 들지. 나사를 벽에 고정시키는 데 드는 힘은 똑같은 크기의 못을 망치로 두드리는 데 드는 힘보다 적지만, 나사를 여러 번 돌려야 하기 때문에 더 먼 거리를 움직여야 해.

빗면과 마찬가지야!

지레

지레는 물체를 들어 올리는 데 필요한 힘의 양을 줄여 줘. 지레는 시소처럼 받침점이라 불리는 중심점 위에 단단한 막대나 널빤지를 얹은 것이야. 받침점의 한쪽에 힘을 가하면, 반대쪽에 놓인 짐 역시 움직여. 친구와 시소를 타고 있다고 생각해 봐. 네가 한쪽 자리에 앉아 아래로 내려가면, 친구는 공중으로 올라가지. 친구가 너보다 두 배나 더 무거워도, 친구를 받침점 가까이에 앉히면 너는 친구를 들어 올릴 수 있어. 이때 먼 거리에서 누를수록 힘이 적게 들지. 즉, 힘점과 받침점까지의 거리가 길수록 힘이 적게 든다는 말이야. 바꿔 말하면 작용점에서 받침점까지의 거리가 짧을수록 적은 힘으로도 물체를 들어올릴 수 있어.

지레는 짐과 받침점의 위치와 힘을 가하는 위치에 따라 종류가 달라.

1종 지레 : 시소처럼 짐이 놓인 곳과 힘을 가하는 곳의 중간에 받침점이 있는 지레를 말해.

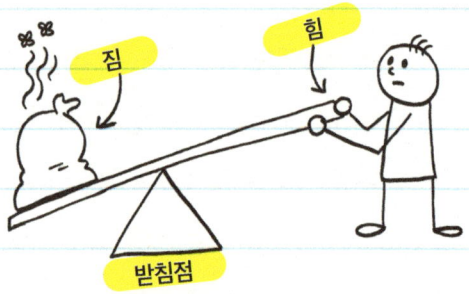

2종 지레 : 한쪽 끝에 받침점이 있고, 중간에 짐을 놓는 곳이 있으며, 반대쪽 끝에 힘을 가하는 곳이 있는 지레를 말해. 손수레처럼 말이야.

3종 지레 : 한쪽 끝에 받침점이 있고, 중간에 힘을 가하는 곳이 있으며, 반대쪽 끝에 짐을 놓는 곳이 있는 지레를 말해. 물건을 들고 있는 팔처럼 말이야.

축바퀴

축바퀴는 더 큰 바퀴를 축에 붙임으로써 물건을 돌리기 쉽게 만들어 줘. 이때 축은 작은 바퀴의 역할을 해.
축바퀴는 두 가지 용도로 쓰여.

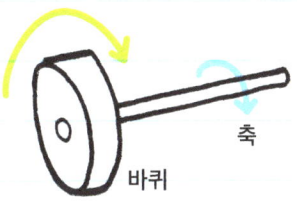

발생하는 힘을 증가시켜야 할 때

큰 바퀴를 돌리는 것이 작은 바퀴를 돌리는 것보다 힘이 적게 들어. 큰 바퀴는 더 먼 거리를 움직이기 때문에 똑같은 양의 일을 하더라도 힘이 덜 들지. 수도꼭지 돌리는 걸 생각해 봐. 수도꼭지를 잡고 돌리는 것이 연필 굵기만 한 수도꼭지 목 부분을 잡고 돌리는 것보다 훨씬 쉬울 거야.

바퀴를 움직이는 데 필요한 거리를 줄여야 할 때

작은 바퀴를 돌리는 것은 큰 바퀴를 돌리는 것보다 힘이 더 들어. 하지만 작은 바퀴는 더 짧은 거리를 돌아도 똑같은 양의 일을 할 수 있지. 이러한 원리가 자전거에 적용돼. 너는 페달을 밟아서 비교적 짧은 거리에 힘을 가하지만 자전거 바퀴가 더 적은 힘으로 더 먼 거리를 이동하게 해 주지.

도르래

도르래는 바퀴에 줄을 걸어 힘의 방향을 바꾸거나 큰 힘을 내기 위한 장치야. 줄은 바퀴의 홈에 딱 맞게 걸려 있는데, 2개 이상의 도르래를 연결하여 줄에 가하는 힘을 늘리거나 힘의 방향을 바꾸어 쉽게 잡아당겨 물건을 옮길 수 있어.

도르래

에너지와 일의 효율

물체의 에너지는 네가 그 물체에 일을 할 때 증가해. 예를 들어 물체를 밀어 물체가 움직이기 시작하면, 그 움직임이 에너지의 한 형태가 되는 거야. 일은 곧 에너지야. 그러므로 물체에 작용한 일은 모두 에너지의 형태로 전환되지.

에너지에는 많은 형태가 존재하는데, 이를테면 열에너지와 운동 에너지가 있어. 네가 물체에 일을 하면서 에너지의 일부를 열의 형태로 잃어버렸다면, 네가 한 일의 일부가 사라진 거야.
네가 얼마나 많은 일이나 에너지를 열로 잃어버렸는지에 따라 일의 효율이 결정돼. 에너지를 열로 많이 빼앗기지 않는 기계가 일을 더 많이 하니까 더 효율적이라고 할 수 있지.

퀴즈

1. 일을 구하는 공식을 써 보자.

2. 책이 0.5m 아래로 떨어졌을 때, 책에 가해진 힘이 10N이라면 이때의 일은 얼마일까?

3. 빗면을 사용할 때와 직접 물체를 들어올릴 때 한 일의 양은 _____

4. 지레의 중심점을 _____이라고 한다.

5. 힘점에서 받침점까지의 거리가 _____, 작용점에서 받침점까지의 거리가 _____ 힘이 적게 든다.

6. 축바퀴가 일을 더 쉽게 만드는 두 가지 방식은 무엇일까?

7. 바퀴에 줄을 걸어 힘의 방향을 바꾸거나, 큰 힘을 내기 위한 장치를 _____라고 한다.

정답

1. 일 = 힘 × 물체가 이동한 거리

2. 10N × 0.5m = 5J

3. 같다.

4. 받침점

5. 길수록, 짧을수록

6. 축바퀴는 발생하는 힘을 증가시키거나, 바퀴를 움직이는 데 필요한 거리를 줄여 준다.

7. 도르래

에너지

자석, 자석의 힘, 자석의 극, 자석의 원리, 소리, 소리의 전달, 소리의 세기와 높낮이, 눈, 빛, 광원, 빛의 반사, 온도, 고체, 액체, 기체에서의 열의 이동, 전기 회로, 직렬 연결, 병렬 연결, 자기장, 전류, 전자석, 정전기 유도, 전압, 저항, 옴의 법칙, 자기력선, 빛의 분산과 합성, 물체의 색, 빛의 반사와 굴절, 파동, 소리

 비법노트 **13**장

에너지의 형태

에너지의 보존

에너지는 물질의 한 특성으로 열, 소리, 빛, 운동과 같은 다양한 형태로 나타나. 에너지는 항상 보존되는데, 이 말은 에너지의 총량은 늘 일정하다는 말이야. 즉, 에너지의 형태가 변하고 물체 간에 에너지가 이동하더라도 에너지의 양은 늘 똑같이 유지된다는 거지. 예를 들어 골프공을 칠 때 선수의 스윙에서 나온 에너지는 다른 곳으로 가지 않고 공으로 옮겨져.

에너지 보존 법칙에 따르면 에너지는 새로 만들어지거나 없어지지 않아. 다만 한 형태에서 다른 형태로 바뀔 뿐이야. 예를 들면 태양의 빛 에너지가 식물의 잎에 흡수되어 식물이 자라고 성장하는 건 빛 에너지가 화학 에너지로 전환된 거야. 식물의 잎에서 만들어진 에너지는 작은 동물이나 우리가 그 식물을 먹었을 때 우리가 사용할 수 있는 에너지로 전환되지. 이렇게 몸속으로 들어온 화학 에너지는 체온을 유지하는 열에너지나 운동할 때 쓰는 운동 에너지로 바뀌어.

위치 에너지와 운동 에너지

펜을 바닥에 떨어뜨렸을 때 에너지는 어떻게 전환될까? 펜의 위치 에너지가 바닥으로 떨어지면서 운동 에너지로 전환될 거야. 위치 에너지와 운동 에너지는 모두 역학 에너지의 한 형태로, 물체의 위치와 운동과 관련 있어.

공을 언덕 위로 찬다고 생각해 봐. 공을 차는 순간 공은 운동 에너지를 갖게 돼. 언덕을 올라가면서 속도가 점차 줄어 한 지점에서 멈추면, 운동 에너지는 위치 에너지로 전환되지. 멈췄던 공이 언덕 아래로 굴러 내려오면 위치 에너지는 다시 운동 에너지로 바뀌어. 이때 공의 에너지는 운동 에너지에서 위치 에너지로, 위치 에너지에서 다시 운동 에너지로 형태만 바뀔 뿐, 공이 가진 에너지는 사라지지 않고 보존돼.

우리는 이것을 **중력에 의한 위치 에너지**라고 불러. 왜냐하면, 물체에 저장된 에너지는 중력에 의한 것이기 때문이야.

운동 에너지는 충돌을 통해 다른 물체로 옮겨 가기도 해. 놀이공원에서 볼 수 있는 범퍼카는 이리저리 움직이면서 다른 범퍼카와 부딪히는데, 이때 범퍼카의 운동 에너지가 이동하면서 다른 범퍼카가 움직일 수 있게 하는 거야.

운동 에너지
운동하는 물체가 가진 에너지

위치 에너지
어떤 높이에 있는 물체가 가진 에너지로, 물체에 저장된 에너지 물체가 지닌 운동 에너지의 양은 물체의 질량과 속도에 따라 달라져. 질량이 더 크고 속도가 더 빠르면 더 많은 운동 에너지를 가지지. 위치 에너지의 양은 물체의 질량과 높이에 달려 있어. 질량이 더 크고 높이가 더 높으면, 더 많은 위치 에너지를 가질 수 있어.

> 질량이 더 크고 속도가 더 빠르다는 것은 에너지가 더 많다는 것을 뜻해. 쉽게 말하면, 볼링공보다는 테니스공이 네 머리 위에 떨어지는 편이 더 낫다는 뜻이야. 테니스공의 질량이 더 작기 때문이지. 또한 같은 테니스공일지라도 고층 건물 꼭대기에서 떨어지는 것보다 머리 위 60cm 높이에서 떨어지는 편이 낫다는 의미이기도 해. 고층 건물보다 60cm 위에서 떨어질 때 공의 속도가 느릴 테니까.

> 물체의 위치 에너지는 물체가 어디에 놓여 있느냐에 따라 변할 수 있어. 예를 들어 책장 맨 위에 있는 책의 위치 에너지가 맨 아래에 있는 책보다 더 많을 거야. 높이 있으면 있을수록 떨어지는 거리가 더 길기 때문에 위치 에너지도 더 많아.

에너지에는 단 두 종류의 에너지, 즉 운동 에너지와 위치 에너지만 있다고 주장하는 과학자가 있는가 하면, 일곱 종류 또는 아홉 종류가 있다고 주장하는 과학자도 있어! 에너지는 운동하는 에너지와 저장된 에너지를 비롯한 다양한 형태로 존재하고 있으며, 한 형태에서 다른 형태로 끊임없이 변하고 있다는 사실을 잊지 마!

운동 에너지

역학적 운동 에너지
운동하는 물체가 갖는 에너지

열에너지
분자가 진동하여 온도에 영향을 미치는 에너지

전자기 에너지
가시광선과 비가시광선에서 나오는 빛의 파동이 갖는 에너지

소리 에너지
분자가 서로 부딪혀 소리를 발생하는 에너지

전기 에너지
전자가 흐를 때 발생하는 에너지

위치 에너지

중력에 의한 위치 에너지(역학적 위치 에너지)
물체가 놓인 높이에 저장된 에너지

탄성 에너지
탄성 재료의 압축성 또는 신축성에 저장된 에너지

원자핵 에너지

방사성 원자의 핵 안에 저장된 에너지.
원자가 분열되는 과정(핵분열)에서 방출되지.

우리는 이런 방법으로 전력을 생산해.

화학 에너지

분자 간의 화학 결합 속에 저장되어 있는 에너지. 결합이 끊어지기 전까지 화학 에너지는 위치 에너지의 한 형태로 결합 속에 저장되어 있어. 그러다가 결합이 끊어지면 화학 에너지가 방출되지. 음식, 기름, 가스, 장작, 석탄은 모두 화학 에너지원이야. 생물과 무생물을 가리지 않고 연료로 쓰이는 모든 건 그 결합 속에 화학 에너지를 저장하고 있어.

1~3. 아래의 용어와 정의를 올바르게 짝지어 보자.

1. 에너지 보존   가. 물체에 저장된 에너지

2. 위치 에너지   나. 에너지는 새로 만들어지거나 없어지지 않는다. 시스템 내에서 에너지 양은 일정하게 유지된다.

3. 운동 에너지   다. 물체의 운동에 의한 에너지

4. 소는 풀을 먹을 때 풀 속의 화학 결합 에너지를 _____와 _____로 바꾼다.

5. 화학 에너지란 무엇일까?

6. 물체의 위치 에너지에 영향을 미치는 두 요인은 무엇일까?

7. 에너지는 끊임없이 한 형태에서 다른 형태로 _____ 한다.

1. 나
2. 가
3. 다
4. 열에너지, 운동 에너지
5. 화학 에너지란 화학 결합 내에 저장되어 있는 에너지를 말한다.
6. 질량과 높이
7. 전환

 비법노트 **14**장

열에너지

온도

<u>온도</u>는 '물체의 뜨겁고 차가운 정도'를 의미해. 온도의 정의를 좀 더 자세히 살펴보면 온도는 '물질을 이루는 분자의 평균 운동 에너지'라고 할 수 있어. 고체, 액체, 기체를 이루는 분자는 항상 운동하고 있기 때문에 분자들은 서로 움직이다가 부딪치기도 하지. 분자는 운동 에너지를 가지는데, 빨리 움직이면 움직일수록 더 많은 운동 에너지를 가질 수 있어. 뜨거운 초코 우유와 차가운 초코 우유 속의 분자를 비교한다면, 뜨거운 초코 우유를 이루는 분자가 차가운 초코 우유보다 훨씬 더 빨리 움직일 거야.

온도
물질을 이루는 분자의
평균 운동 에너지

온도 측정하기

일반적으로 물체는 뜨거워지면 팽창하고, 차가워지면 수축해. 온도계는 온도에 따라 물체가 팽창하거나 수축하는 성질에 기초해 만들어졌어. 어떤 물체의 온도가 높다면, 온도계 속에 있는 액체가 팽창하여 높은 온도를 나타내는 눈금을 가리키게 되는 거야.

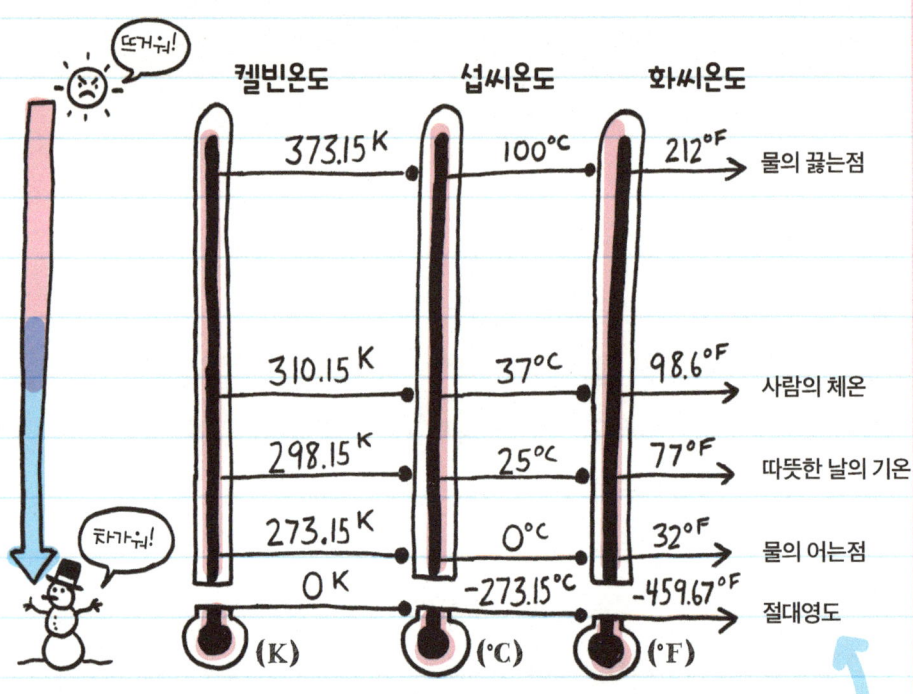

분자가 움직임을 멈추기 때문에 온도는 더 내려가지 못해. 멈추는 것보다 더 느려질 수는 없어.

온도 변환하기

우리는 대개 온도를 미터법인 섭씨온도(C)나 화씨온도(F)로 측정해. 다음 공식을 사용하면 섭씨온도를 화씨온도로, 화씨온도를 섭씨온도로 변환할 수 있어.

$$T_{(°F)} = \left(T_{(°C)} \times \frac{9}{5}\right) + 32$$

$$T_{(°C)} = \left(T_{(°F)} - 32\right) \times \frac{5}{9}$$

과학자들은 온도의 국제단위인 켈빈온도(K)를 주로 사용해. 다음 공식을 사용하면 섭씨온도를 켈빈온도로, 켈빈온도를 섭씨온도로 변환할 수 있어.

$$T_{(K)} = T_{(°C)} + 273.15$$

$$T_{(°C)} = T_{(K)} - 273.15$$

열에너지

물질을 이루는 분자가 가진 운동 에너지와 위치 에너지의 통합이 바로 **열에너지**야. 온도와 열에너지의 차이를 살펴보면, 온도는 '물질을 이루는 분자의 평균 운동 에너지'이고, 열에너지는 '물질을 이루는 분자의 운동 에너지와 위치 에너지를 더한 통합'이야. 예를 들어 벽돌 한 장은 벽돌 한 무더기보다 위치 에너지가 적기 때문에 더 적은 열에너지를 가지겠지만, 벽돌 한 장과 벽돌 한 무더기의 온도는 똑같을 거야.

> **열에너지**
> 물질을 이루는 모든 분자의 운동 에너지와 위치 에너지를 더한 총합

> **열**
> 열에너지가 더 따뜻한 물체에서 더 차가운 물체로 옮겨 가는 것

어떤 물체를 만졌을 때 뜨겁다고 느낀다면, 그것은 물체가 우리 손보다 따뜻하기 때문이야.

열

열은 열에너지가 더 따뜻한 물체에서 더 차가운 물체로 옮겨가는 것을 뜻해. 열에너지는 항상 높은 에너지에서 낮은 에너지로 이동해. 다시 말해, 더 따뜻한 물체에서 더 차가운 물체로 이동하는 거야. 열에너지는 두 물체가 똑같은 온도가 될 때까지 계속 물체 사이를 옮겨 다니지.

열은 다음과 같은 방법으로 이동해.

전도 : 물체와 직접적으로 접촉하여 열이 이동하는 것을 전도라고 해. 열은 더 따뜻한 물체에서 더 차가운 물체로 이동하는데, 이때 따뜻한 물체의 분자가 차가운 물체의 분자와 충돌하면서 에너지를 전달하지. 뜨거운 난로를 손으로 만지는 것이 바로 전도야.

복사 : 원자가 방출한 전자기파를 통해 열이 전달되는 것을 복사라고 해. 태양이 지구를 따뜻하게 데우는 것이나 불 옆에 있으면 따뜻함이 전달되는 것 등을 예로 들 수 있어.

대류 : 물이나 공기와 같은 액체 또는 기체가 움직이면서 열이 전달되는 것을 <mark>대류</mark>라고 해. 집안의 공기도 대류하고 있어. 난로가 데운 따뜻한 공기는 위로 올라가고, 위에서 식은 차가운 공기는 바닥으로 내려오거든. 만일 천장에 달린 선풍기를 틀면 이러한 공기의 흐름, 즉 대류를 더 잘 일으킬 수 있어.

> **대류**
> 액체와 기체와 같은 유체가 주변에 열을 전달하는 것

퀴즈

1. 온도와 열에너지의 차이점을 설명해 보자.

2. 만약 큰 잔에 든 주스와 작은 잔에 든 주스가 둘 다 상온에 있다면, 어떤 주스가 열에너지를 더 많이 가지고 있을까?

3. _____는 물과 공기 같은 유체의 움직임을 통해 열이 전달되는 것이다.

4. 전자레인지에서는 어떤 종류의 열전달이 일어날까?

5. 아이스크림을 먹으면 입 속이 차가워진다. 이때 일어나는 열의 이동 방법은 무엇일까?

6. 섭씨온도를 켈빈온도로 변환하는 공식을 써 보자.

7. 열에너지는 항상 에너지가 _____ 곳에서 _____ 곳으로 이동한다.

8. 물체는 뜨거워지면 _____하고, 차가워지면 _____한다.

정답

1. 온도는 물질을 이루는 분자의 평균 운동 에너지이다.
   열에너지는 물질을 이루는 분자의 운동 에너지와 위치 에너지의 총합을 말한다.

2. 큰 잔에 든 주스. 왜냐하면 더 많은 분자를 가지고 있기 때문이다. 분자가 많을수록 운동 에너지와 위치 에너지가 더 많기 때문에 그 총합인 열에너지도 많다.

3. 대류

4. 복사

5. 전도

6. $T(°C) = T(K) - 273.15$

7. 높은, 낮은

8. 팽창, 수축

 비법노트 **15**장

빛과 소리

파동

파동이란 에너지를 실어 나르는 진동으로, 한 곳에서 생긴 진동이 주위로 퍼져 나가는 현상이야. 파동은 물질이나 진공을 통해 이동할 수 있어. 물질을 통해 이동하는 파동을 역학적 파동이라고 하고, 진공을 통해 이동하는 파동을 전자기파라고 해.

진동
상하 또는 전후로 운동하는 것

진공
물질이 존재하지 않는 공간 우주에 있는 물질을 아주 작은 티끌까지 진공청소기로 모두 다 빨아들인 상태야.

다음은 역학적 파동의 두 가지 예야.

모터보트가 물속에서 파동을 일으키는 것. 에너지가 물 분자에서 물 분자로 이동하며 잔물결을 일으켜.

너는 우주 공간에서 아무 소리도 듣지 못해. 파동이 타고 이동할 공기가 없거든!

말할 때 소리 파동을 만들어내는 것. 소리 파동은 분자에서 분자로 진동을 전달하며 이동하기 때문에 입에서 귀로 소리를 옮겨.

역학적 파동과는 달리 전자기파는 매개체가 필요 없어. 전자기파는 우주 공간과 같은 진공에서도 이동할 수 있기 때문이야. 전자기파에는 다음과 같은 것들이 있어.

광파   X선   라디오파

파동의 특징

파동에는 네 가지 특징이 있어.

진폭은 파동의 가장 높은 지점인 **마루**에서 가장 낮은 지점인 **골** 사이의 거리를 반으로 나눈 거야. 진폭은 파동이 중심에서부터 얼마나 많이 움직이는가를 측정해. 파동이 크면 클수록 진폭도 커. 예를 들어 많은 에너지를 실어 나르는 파도는 높이도 높고 수면에서부터 훨씬 더 높이, 많이 움직이기 때문에 큰 진폭을 가져.

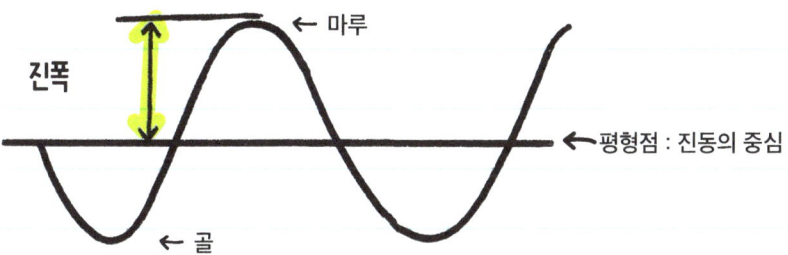

파장은 '마루에서 마루' 또는 '골에서 골'처럼, 파동의 한 지점에서 다음 파동의 같은 지점까지의 길이를 측정한 거야. 파장은 그리스 문자 람다(λ)로 표기해. 색깔은 빛의 파장이 서로 달라 생기는 현상이야. 빨간색은 파란색보다 더 긴 파장을 가졌어.

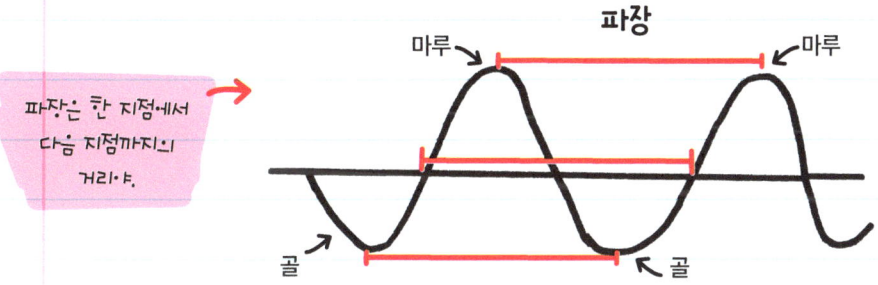

파장은 한 지점에서 다음 지점까지의 거리야.

정해진 시간 내에 정해진 점을 통과하는 파장의 수를 진동수라고 하고, f로 표기해. 진동수 단위는 헤르츠(Hz)인데, 1초 동안 진동한 횟수를 뜻해. 파동이 똑같은 속도로 이동하고 있다면, 진동수와 파장은 반비례해. 즉, 속도가 일정한 조건에서 진동수가 클수록 파장은 틀림없이 더 짧아. 반대로 진동수가 작을수록 파장은 틀림없이 더 길겠지.

∿∿∿∿∿∿∿ 10초에 10개의 파동 ➡ 더 높은 진동수를 가진
　　　　　　파동, 1초에 1개

|—— 10초 ——|
⌒⌒　　　10초에 2개의 파동 ➡ 더 낮은 진동수를 가진
　　　　　　파동, 1초에 0.2개

첫 번째 경우와 두 번째 경우 모두 10초 동안 진동할 때 지나가는 파동을 나타낸 거야. 첫 번째 경우는 10개, 두 번째 경우는 2개로, 이동하는 파동의 속도는 같아. 하지만 같은 시간 내에 첫 번째 경우는 무려 10개의 파동이 지나가야 해. 그러므로 첫 번째 경우가 두 번째 경우보다 더 짧고 가까이 붙은 파장을 가져.

> 더 높은 진동수 = 더 짧은 파장

파동이 한 지점에서 다른 지점으로 움직이는 데 걸리는 시간을 파속이라고 해. 방정식에서는 v (속도)로 나타내지. **파속**의 방정식은 다음과 같아.

파속 = 진동수 × 파장

$$v = f \times \lambda$$

파속은 미터/초(m/s)로, 진동수는 헤르츠(Hz)로, 파장은 미터(m)로 측정돼. 파동은 매질이 무엇이냐에 따라서 각각 다른 속도로 이동해. 예를 들어 소리 파동과 같은 역학적 파동은 공기에서보다 물속에서 더 빨리 움직이지. 빛과 같은 전자기파는 정반대야. 전자기파는 물속에서보다 공기

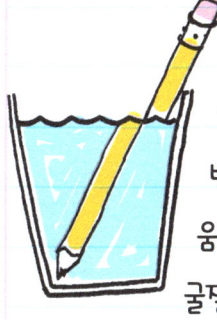
중에서 더 빨리 움직여. 연필 한 자루를 물이 담긴 컵 속에 넣으면, 연필이 꺾여 보일 거야. 이는 연필에 반사된 빛의 파동이 물속에서보다 공기 중에서 더 빨리 움직이기 때문이야. 따라서 우리 눈에 들어오는 빛이 굴절되어 마치 연필이 꺾인 것처럼 보이는 거지.

파동의 여러 가지 형태

반사는 파동이 표면에서 튕겨 나오는 걸 말해. 거울을 통해 자신의 모습을 볼 수 있는 건 빛의 파동이 거울 표면에 부딪혀 튕겨 나오기 때문이야.

> 메아리도 소리 파동이 반사된 거야.

반사 법칙은 파동이 특정한 방식으로 반사되는 걸 설명해. 이 법칙에 따르면, 파동은 자신이 벽으로 향하는 각도와 똑같은 각도로 반사해. 만약 파동이 90도로 벽을 향했다면, 90도로 튕겨 나오게 될 거야.

> 입사 광선이라고 해.
> 반사 광선이라고 해.

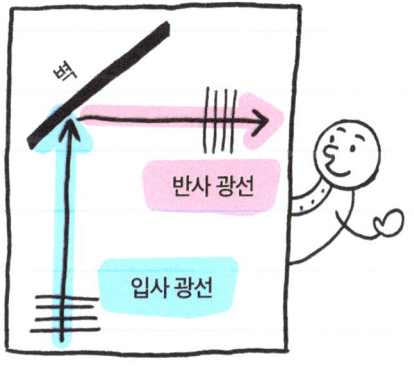

물이 든 컵에 담긴 연필이 꺾여 보이는 것처럼, 파동이 서로 다른 매질을 통과할 때 굽는 현상을 굴절이라고 해. 굴절 현상은 파동이 매질에 따라 각각 다른 속도로 이동하기 때문에 생기는 거야.

> 물속에 서 있으면 다리가 짧아 보이는 것도 이 때문이야!

파동이 진행 도중에 장애물을 만나면 그 주위에서 구부러지거나 작은 구멍을 통과한 후 넓게 퍼지게 되는데, 이러한 현상을 회절이라고 해. 바다에서 파도가 방파제나 부두를 통과하여 들어올 때 회절을 관찰할 수 있어.

파동이 서로 부딪치는 결과로 생기는 현상을 간섭이라고 해. 부딪칠 때 파동이 합쳐져서 더 큰 파동을 형성하기도 하고(보강 간섭), 반대로 서로 방해하고 상쇄하기도 하지(상쇄 간섭). 친구들과 트램펄린에서 점프를 해 보면, 보강 간섭과 상쇄 간섭을 경험할 수 있어. 적절한 때 친구들과 동시에 점프를 하면 몸이 혼자 뛸 때보다 더 높이 떠! 하지만 때를 잘 맞추지 못하면 제대로 뜨지 못하지. 때로는 간섭은 보강 간섭과 상쇄 간섭 사이에 있기도 해.

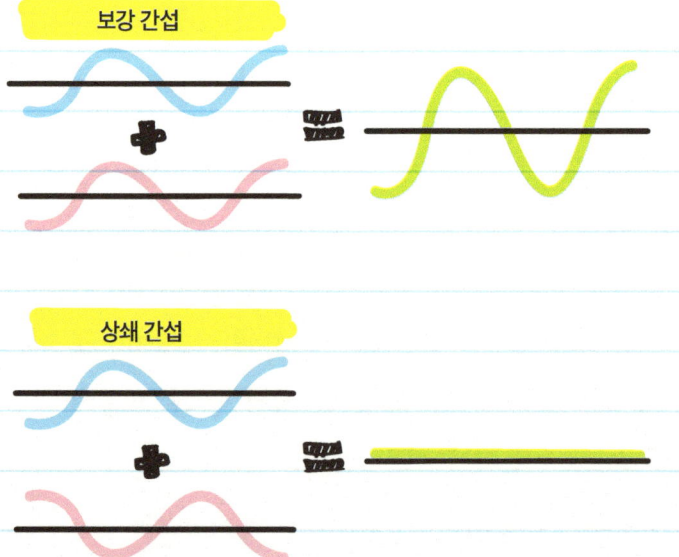

흡수

파동이 물질을 통과할 때 흡수가 일어나기도 해. 흡수란 파동이 물질을 통과하는 동안 에너지가 파동에서 물질로 이동하는 걸 뜻해. 예를 들면 태양에서 나오는 빛의 파동은 바닷속에 들어가서 이동하는 동안 흡수돼. 바닷속으로 깊이 들어갈수록 점점 더 어두워지는 이유가 바로 이 때문이야.

파동이 흡수되는 방식은 파동이 통과하는 물질의 성질과 그 두께에 따라 달라. 예를 들어 녹음실에서는 소리 파동을 흡수하기 위해 방음재를 사용하지. 소리 파동이 방음재에 부딪히면, 파동은 대부분 흡수되고 일부는 반사되며, 통과할 수 있는 건 거의 없어.

어떤 물질은 특정한 파장만 흡수하기도 해. 우리가 색깔을 보는 것처럼 말이야. 우리가 빨간 사과를 보는 것은 빨간색을 제외한 다른 모든 색깔이 흡수되고 빨간색만 반사되기 때문이야.

뿐만 아니라 파동이 흡수되면 에너지의 형태가 바뀔 수 있어. 광선이 흡수되면 광선은 열에너지와 같은 다른 형태의 에너지로 전환돼. 빛이 내리쬘 때 어두운 색처럼 더 많은 광선을 흡수하는 색깔이 더 뜨거워지는 이유가 바로 열에너지를 많이 만들기 때문이지.

뜨거운 여름 도로를 떠올려 봐!

전자기파 스펙트럼

전자기파는 횡파에 속해 있어. 횡파는 진행하는 방향과 수직으로 진동하는 파동을 뜻해. 전자기파는 서로 수직을 이루며 진동하는 전기장과 자기장으로 구성되어 있기 때문에 이름도 '전-자기파'인 거야. 모든 전자기파가 눈에 보이지는 않지만, 기본적으로 전자기파는 '광파'를 일컬어.

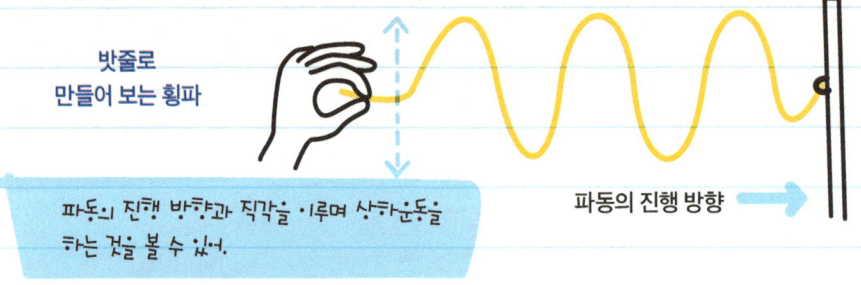

밧줄로 만들어 보는 횡파

파동의 진행 방향과 직각을 이루며 상하운동을 하는 것을 볼 수 있어.

파동의 진행 방향

전자기파 스펙트럼의 범위는 파장의 길이에 따라 가장 길게는 수천 미터에서 가장 짧게는 1피코미터(pm)에까지 이르러. 우리의 눈으로 볼 수 있는 전자기파는 가시광선뿐인데, 가시광선은 모든 전자기파 중 아주 작은 일부에 불과해. 가시광선 스펙트럼의 범위는 단지 700~400나노미터(nm)밖에 안 돼.

> **스펙트럼**
> 전자기파의 파장과 진동수 범위

파동

전체 전자기파 스펙트럼 속에 분포하는 파동은 각각 다른 에너지와 파장, 진동수를 가져. 스펙트럼에서 에너지가 낮은 쪽으로 향할수록 파동의 파장은 더 길어지고, 진동수는 더 낮아져. 반대로 에너지가 높은 쪽으로 향할수록 파동의 파장은 더 짧아지고 진동수는 더 높아지지.

전자기파 스펙트럼

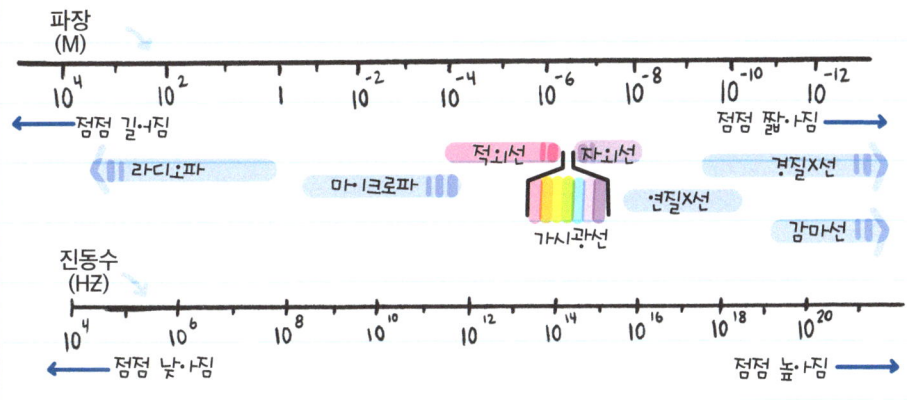

전자기파 스펙트럼에서 전자기 에너지가 낮은 것부터 높은 것까지 살펴보면 다음과 같아.

라디오파

→ 에너지가 가장 낮은 전자기파야.

→ 0.3m보다 긴 파장을 가지고 있어.

→ 라디오에서 네가 듣는 음악을 전송하지.

마이크로파

→ 0.3m~0.003m 사이의 파장을 가지고 있어.

→ 전자레인지에서 음식을 조리할 때 사용되지.

> 전자레인지에서 나오는 비가시광선의 진동수는 물 분자를 진동시키기에 딱 알맞아. 그래서 음식에서 수분이 있는 부분을 데우는 거야.

적외선

→ 가시 스펙트럼에 있는 적색광보다 조금 더 긴 파장을 가지고 있어. 그래서 '적외'선이라고 불러.

→ 따뜻한 물체는 적외선을 방출해. 야간 투시경은 밤에도 온혈동물과 사람을 식별할 수 있도록 적외선에 민감하게 만들어졌어.

159

가시광선

→ 사람이 볼 수 있는 빛이야. 700~400나노미터(nm) 사이의 파장을 가지고 있어.

무지개는 가장 긴 파장인 빨강부터 가장 짧은 파장인 보라 순으로 되어 있어.
가시 스펙트럼의 가장 긴 파장에서 가장 짧은 파장까지
색깔 순서를 외우려면,
첫 글자를 따서 **'빨주노초파남보'**라고 외우면 돼.

자외선(UV선)

→ 가시광선보다 더 높은 진동수와 더 높은 에너지를 가지고 있어. 400~10나노미터(nm) 사이의 파장을 가지고 있지.

→ 태양이 자외선을 방출하기 때문에 우리는 해변에서 자외선 화상을 입기도 해.

X선

→ 자외선보다 더 높은 에너지와 더 높은 진동수를 가지고 있어.

→ X선은 피부는 통과할 수 있지만, 뼈는 통과하지 못해. 그래서 뼈를 검사할 때 X선을 사용하지.

감마선

→ 에너지와 진동수가 가장 높은 전자기파야.

→ 감마선은 사람과 여러 생물에게 아주 해로워.

전자기파는 파장의 길이에 따라 다른 성질을 가지고 있어. 전자기파 스펙트럼은 비슷한 성질을 가진 전자기파끼리 구간을 정하여 나타낸 거야. 라디오파의 길이는 무려 100m 운동장보다 긴 경우도 있고, 적외선의 길이는 사람의 세포와 비슷해. 또 X선과 감마선의 파장은 물 분자보다도 작으니 얼마나 짧은지 짐작할 수 있겠지?

빛과 색

전자기파는 1초에 약 30만km라는 아주 빠른 속도로 이동해. 이 속도는 태양에서 지구까지 약 1억 5000만km의 거리를 약 8.5분 만에 이동할 수 있는 빠르기야. 광파는 물체에 반사되어 우리 눈에 들어와. 보통 우리는 태양빛이 흰색이라고 생각하지만 사실 태양빛은 모든 색깔이 합쳐져서 하얗게 보이는 거야. 만일 빛이 굴절되면 태양빛은 각각 다른 파장을 가진 뚜렷한 색깔로 분리돼.

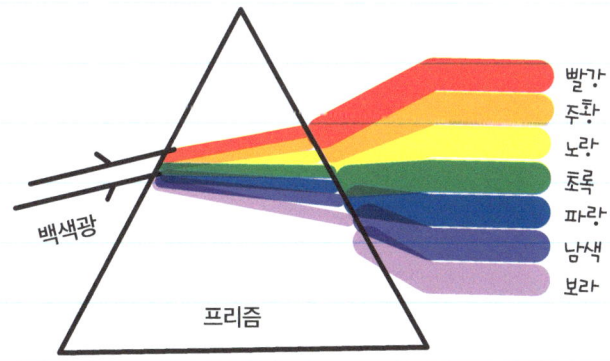

무지개는 빛이 대기 중에 떠다니는 작은 빗방울에 굴절되어 생기는 거야.

소리

소리는 음파로 인해 생기는데, 음파란 간단히 말해서 분자가 진동하는 거야. 음파는 종파야. 이는 음파가 진행 방향과 같은 방향으로 진동한다는 뜻이지. 음파는 자신의 에너지를 분자에서 분자로 옮겨야 하기 때문에, 오직 물질을 통해서만 이동할 수 있어. 예를 들어 알람시계를 진공 상태인 우주 공간에 둔다면, 알람시계는 어떤 소리도 내지 못할 거야! 그러면 알람을 끌 필요도 없겠지?

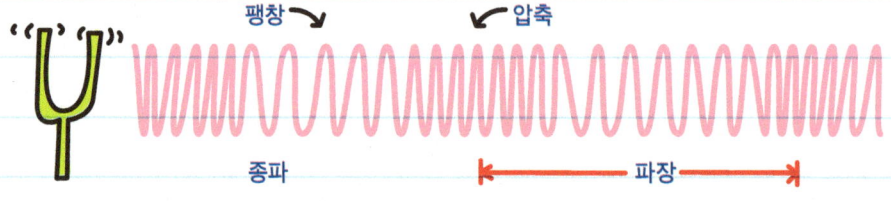

소리의 속도

음파는 광파에 비해 훨씬 느린 속도로 이동해. 광파가 1초에 300,000,000m를 이동하는 반면, 음파는 1초에 340m밖에 이동하지 못하거든. 천둥 번개가 치는 날 천둥소리보다 번개가 먼저 보이는 것도 이 때문이지.

광파는 고체에서 가장 느리게 이동하지만 음파는 고체에서 가장 빨리 이동해. 고체는 분자가 촘촘하게 배열되어 있기 때문에 서로 더 빨리 충돌하면서 음파를 빠르게 전달할 수 있어.

소리의 강도

소리의 **강도**는 음파가 어떤 특정한 지점을 지날 때 에너지를 담고 있는 정도를 말해. 음파의 진폭이 소리의 강도에 영향을 미치는데, 진폭이 크면 클수록 강도가 높아지고 소리도 커져. 음파의 강도는 소리의 진원에서 멀어질수록 작아지지. 그래서 멀리 있으면 더 조용하게 들려. 음파가 이동하면서 공기나 다른 물체에 흡수되기 때문이야.

> 소리의 세기, 즉 강도는 데시벨(dB)로 측정돼. 강도가 10dB씩 올라갈 때마다, 음파는 100배 더 많은 에너지를 전달해.
> 사람들이 말하는 소리는 대략 50dB 정도야.
> 비행기가 이륙할 때 나는 소리는 150dB이나 되지.
> 이 때문에 비행기 이륙을 담당하는 공항 직원들은 귀 보호 장비를 착용하기도 해.

음의 높이

노래를 들으면, 우리는 수많은 다양한 높낮이의 음을 듣게 돼. 우리가 듣는 각기 다른 음은 소리의 진동수, 즉 초당 진동하는 수와 관련이 있어. 높은 소리일수록 진동수가 높으며(짧은 파장), 낮은 소리일수록 진동수가 낮지(긴 파장). 우리가 소리의 진동수를 인식하는 것을 음의 높이, 즉 **음고**라고 불러.

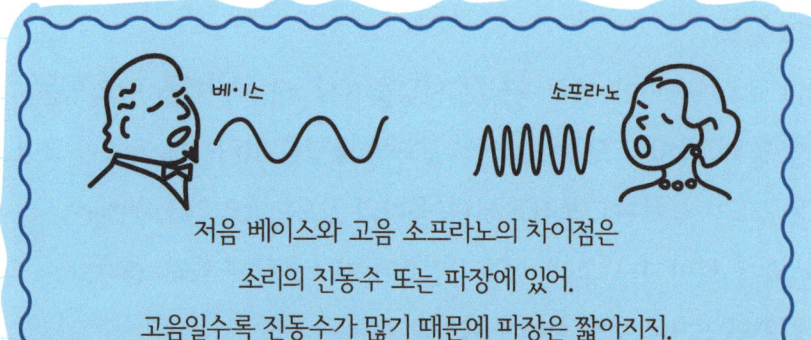

저음 베이스와 고음 소프라노의 차이점은
소리의 진동수 또는 파장에 있어.
고음일수록 진동수가 많기 때문에 파장은 짧아지지.

음파는 아날로그 신호의 한 예라고 할 수 있어. 아날로그 신호는 정보를 실어 나르지만, 진폭과 진동수가 계속해서 달라져. 한편 디지털 신호는 정보를 아주 짧은 파동으로 보내며, 0과 1로만 소통해. 그래서 정보를 담고 있는 형태가 훨씬 더 간단하지. 휴대폰을 통해 말을 하면, 목소리의 아날로그 음파는 휴대폰을 통해 디지털 신호로 전환돼. 디지털 신호로 바뀐 목소리는 기지국으로 갔다가 위성에 반사된 다음, 다시 기지국을 거쳐 마침내 친구의 전화기에 도달하게 돼. 친구의 전화기에서 소리가 나올 때, 파동은 다시 아날로그 신호로 변해. 디지털 신호는 0과 1로만 보내지기 때문에, 네 친구는 소리를 더 완벽하게 들을 거야. 어떤 방해물도 단순한 디지털 신호를 다른 형태로 바꾸지 않기 때문이지. 아날로그 파동은 다양한 값을 가질 수 있기 때문에 훨씬 더 방해를 받기 쉬워. 그래서 정보를 보내는 일에 더 신뢰할 수 없는 거야.

1. 가시광선 스펙트럼 색깔을 순서대로 말해 보자.

2. 강도가 센 음파는 큰 _____을 가지고 있다.

3. 기체, 액체, 고체 중, 음파는 _____에서 가장 빠르게 이동한다.

4. 음식을 데울 때 사용하는 전자기파는 무엇일까?

5. 높은 에너지를 가진 전자기파 중 인체에 유해한 것은 무엇일까?

6. 화상을 유발하는 전자기파는 무엇일까?

7. 우리가 눈으로 볼 수 있는 전자기파는 무엇일까?

8. 따뜻한 신체가 방출하는 전자기파는 무엇일까?

9. 왜 휴대폰은 우주 공간에서 소리를 내지 못할까?

10. 왜 높은 소리는 더 높은 진동수를 갖는 걸까?

정답

1. 빨강, 주황, 노랑, 초록, 파랑, 남색, 보라

2. 진폭

3. 고체

4. 마이크로파

5. 감마선

6. 자외선

7. 가시광선

8. 적외선

9. 음파는 분자에서 분자로 이동하기 때문에 매개체가 필요하다. 하지만 우주에는 진동을 전달할 매개체가 없다.

10. 높은 음의 소리는 짧은 파장을 가진다. 즉, 1초에 더 많이 진동한다는 뜻이다.

 비법노트 **16**장

전기와 자기

전기와 자기는 서로 밀접하게 관련되어 있어. 둘 다 물질의 양전하와 음전하의 상호작용으로 발생하기 때문이지. 물질에 있는 전하가 상호작용할 때 전기력과 자기력을 둘 다 만들어 낼 수 있어.

전기

전하와 전기력

모든 원자는 음전하를 띤 전자와 양전하를 띤 양성자를 가지고 있어. 원자에 있는 전자의 수와 양성자의 수가 같으면, 양전하와 음전하가 서로 상쇄돼. 그래서 결국 원자는 중성을 띠게 되지.

원자는 전자를 잃거나 얻기가 아주 쉬워. 원자가 전자를 얻으면, 음전하가 양전하보다 많아져서 원자는 음전하를 띠게 돼. 그리고 원자가 전자를 잃으면, 양전하가 음전하보다 많아져서 원자는 양전하를 띠게 되지.

167

이렇게 양전하 또는 음전하를 띠고 있는 원자를 이온이라고 해.

같은 전하끼리는 밀어내고 다른 전하끼리는 끌어당기기 때문에 이온은 전기력이라고 하는 인력(끌어당기는 힘)과 척력(밀어내는 힘)을 만들어. 음전하를 띠는 전자는 양전하를 띠는 쪽으로 이동하려고 하지. 이러한 전자의 흐름이 바로 전기야!

전기력의 크기는 원자가 가진 전하량이 얼마인지, 그리고 원자가 서로 얼마나 떨어져 있는지에 따라 달라져. 전하량이 크고 원자 사이의 거리가 가까울수록 전기력은 커져.

정전기

전자는 비교적 쉽게 하나의 원자에서 다른 원자로 이동해. 보통 마찰을 통해 전자가 이동하는데, 물체와 물체가 전자를 주고받으며 조금씩 전기가 저장되지. 이렇게 전하가 물체에 쌓여 있다가 이곳저곳으로 옮겨 다니는데, 이때 발생한 전기는 금방 없어지지 않고 물체 표면에 머물러 있어. 이러한 전기를 정전하 또는 정전기라고 해.

풍선을 머리카락에 대고 문지르는 것처럼, 물체끼리 서로 문지르면 정전기가 발생하는 데, 이는 실제로 머리카락에서 풍선으로 전자가 옮겨지기 때문이야.

전기 충격을 느낄 때 정반대의 현상, 즉 전자가 재빨리 전하를 잃는 현상을 경험하게 돼. 이걸 방전 또는 정전기 방전이라고 해. 번개는 사실상 거대한 방전이나 마찬가지야.

전기장

전하로 인한 전기력이 미치는 공간을 전기장이라고 해. 전하에서 더 멀어질수록 전기장의 세기는 약해지고, 전하에 더 가까울수록 전기장의 세기는 커져. 전기력선은 전기력이 움직이는 방향을 보여 주는데, 양전하에서 나와 음전하로 향하지. 결국 전기장 내에서 +전하가 이동하는 경로를 연결한 선이 전기력선이야. 전기력선은 사실 존재하지 않는 가상의 선이지. 전기력선의 방향을 보면 전기장의 방향도 알 수 있는데, 전기력선 상의 한 점에서 접선을 그리면 바로 전기장의 방향이 돼. 전기력선은 어떤 전하가 있는지에 따라 여러 가지 모양으로 나타나.

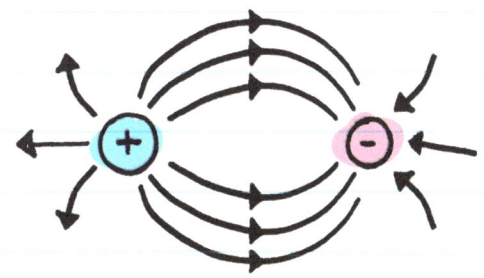

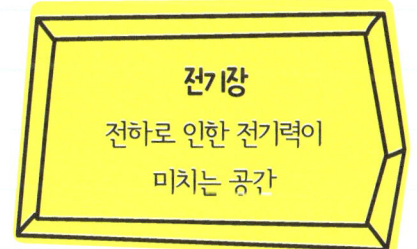

전기장
전하로 인한 전기력이
미치는 공간

유도

전하를 띤 물체를 다른 물체 가까이에 놓으면, 다른 물체 역시 전하를 띠게 되는 것을 볼 수 있어. 예를 들어 음전하를 띤 풍선을 벽에 갖다 대면,

풍선이 벽에 있는 전자를 밀어내고 쫓아 버려. 결국 벽 일부는 일시적으로 양전하를 띠게 될 거야. 이렇게 아주 잠깐 전하를 띠는 성질을 이용하여, 우리는 풍선을 벽이나 유리창에 붙일 수도 있어. 전기장에 의해 전하가 분리되는 현상을 유도라고 해.

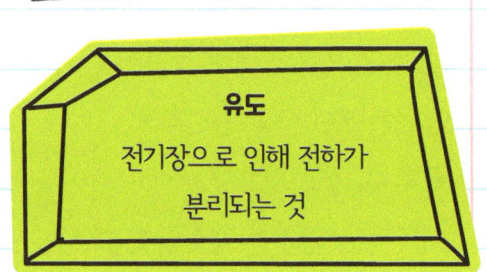

절연체와 전도체

절연체란 전자가 쉽게 움직일 수 없어서 결국 전하도 잘 흐를 수 없는 물질을 말해. 유리나 플라스틱, 고무, 도자기, 스티로폼 등이 대표적인 절연체라고 할 수 있지. 반대로 전도체는 전자가 쉽게 이동할 수 있어서 에너지를 잘 전달하는 물질을 말해.

유도
전기장으로 인해 전하가 분리되는 것

금이나 구리 등의 금속은 훌륭한 전도체야. 일반적으로 전선을 만들 때는 전도체에 플라스틱 같은 절연체를 감싸. 왜냐하면 전기가 다른 전도체, 즉 우리 몸과 같은 곳으로 흘러들어 가는 것을 방지하기 위해서야.

저항체는 전자를 통과시키긴 하지만 그 흐름이 자유롭지 못한 물질이야. 저항체는 대개 전자가 통과할 때 열이나 빛을 내. 열과 빛을 동시에 낼 때도 있지. 전구에 들어 있는 얇은 필라멘트나 토스터기 안쪽에 설치된 열선 등이 저항체야. 심지어 우리 몸도 저항체라고 할 수 있어.

전류

전하는 움직일 때 <mark>전류</mark>를 생성해. 전류는 1초 동안 어떤 지점에서 흐르는 전하의 양으로 측정할 수 있어. 전류의 국제단위는 암페어(A)야.

전류
일정 시간 동안 어떤 지점을 통과하는 전자의 수

전류에는 두 종류가 있어.

직류 전류(DC)
전하가 계속해서 한 방향으로 흐르는 전류를 말해.
건전지에 흐르는 전류는 직류 전류야.

교류 전류(AC)
전하가 주기적으로 방향을 바꾸어 흐르는 전류를 말해.
전기 콘센트에서 나오는 전기는 교류 전류야.

전기 회로

전하가 닫힌 고리 모양의 전도체 내에서 흐른다면, 전류는 일부러 끊지 않는 한 끊임없이 흐르게 될 거야. 이러한 닫힌 고리 형태의 전도체를 회로라고 해. 그리고 전기장은 전하를 끊임없이 움직이게 하지.

회로를 구성하는 요소는 다음과 같아.

전도체
전도체는 마치 **전선**처럼 전원에 연결되어, 열린 곳이나 끊긴 곳 없이 **닫힌 고리**를 만들어.

부하
전구나 선풍기, 스피커처럼 회로가 출력 에너지를 소비하는 장치를 말해.

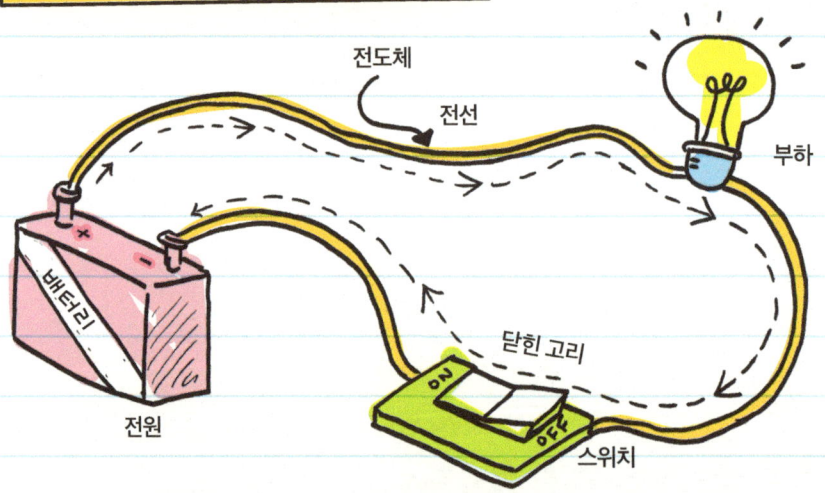

전원
배터리처럼 전기 에너지의 전력원을 뜻해.

스위치
회로를 열고 닫는 장치를 말해.

마치 올렸다 내렸다 할 수 있는 다리와 같아.

직렬 회로와 병렬 회로

전자가 자동차라면 회로는 도로와 같아. 회로는 전자가 이동할 수 있는 길을 제공해. 이때 전자가 이동할 수 있는 길이 오직 하나뿐인 회로를 직렬 회로라고 해. 직렬 회로에서 전류는 회로에 있는 모든 요소들을 통과하며, 한 방향으로만 흘러. 만약 이 회로에서 어떤 부분이 연결되어 있지 않다면, 결국 회로를 따라 흐르던 전류는 멈추게 될 거야. 예를 들어 전구의 필라멘트가 타서 회로가 끊기면 전기는 더 이상 흐르지 못해.

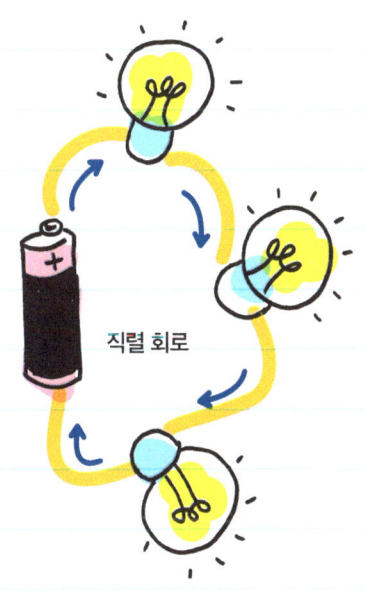

직렬 회로

병렬 회로는 여러 개의 갈림길이 있는 도로와 비슷해. 자동차는 갈림길을 선택해 원하는 방향으로 갈 수 있지. 또한 병렬 회로에서 전자는 하나 이상의 경로로 이동할 수 있어. 만일 회로 하나가 끊겨도 전자가 이동할 수 있는 다른 회로가 있어서 전류는 계속 흐를 수 있어.

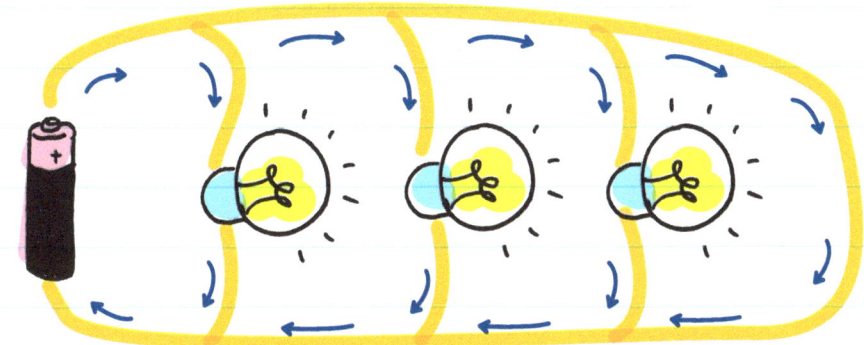

병렬 회로

배터리

배터리는 회로에 에너지를 공급하는 전력의 근원지로, 전하가 회로를 돌아다닐 수 있게 해. 배터리가 회로에 연결되면, 배터리는 전기장을 형성하지. 이 전기장 양 끝부분은 양극과 음극을 띠고 있어. 건전지 양 끝에 +극과 -극이 있는 것처럼 말이야. 움직이는 전하, 즉 전자는 양극(+) 방향으로 끌어당겨지고 음극(-) 방향에서는 튕겨 나가. 전자는 회로가 끊기지 않고 연결되어 있는 한 계속해서 회로를 돌아다닐 수 있어.

전압

전압은 회로를 따라 흐르고 있는 전자가 가진 에너지로 전기 회로에 전류를 흐르게 하는 능력을 말해. 바꿔 말하면 회로 안의 두 지점 사이의 전위차가 바로 전압이야. 볼트(V)라는 단위를 쓰는 전압은 전자에 위치 에너지를 제공하는데, 이는 중력이 공중에 떠 있는 공에 위치 에너지를 제공하는 것과 마찬가지야. 전압이 높을수록 전위차가 커지기 때문에 전류는 더 많은 에너지를 공급할 수 있어. 따라서 1.5V짜리 건전지보다 9V짜리 건전지에 연결한 전구가 더 밝게 빛날 거야.

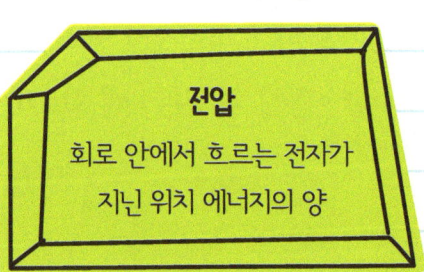

전압
회로 안에서 흐르는 전자가 지닌 위치 에너지의 양

저항

전자는 전류를 통해 이동하며 여기저기 부딪히는데, 이런 충돌 때문에 전자는 자유롭게 이동하기 어려워. 이렇게 전류 내에서 전자가 이동하기 힘든 정도를 저항이라고 해. 다시 말해 전류의 흐름을 방해하는 것이지. 저항은 옴(약자는 R, 기호는 Ω)이라는 단위를 써.

저항이 작은 전선으로 회로를 만들면 에너지 효율이 더 높아져. 반면에 저항이 큰 전선으로 회로를 만들면 충돌로 인해 더 많은 에너지가 열에너지의 형태로 방출돼. 결국 에너지 효율이 낮아지지. 전선이 가늘거나 길수록 저항은 더욱 커져.

전선을 물이 흐르는 호스라고 생각해 봐. 호스가 길고 가늘수록 물이 통과하기 힘들어.
즉, 호스가 길고 가늘수록 물의 흐름에 대한 저항이 커진다는 말이지. 전선도 호스와 똑같아.
전선이 길고 가늘수록 전자도 이동하기 힘들지.

전구는 회로에서 저항의 역할을 해. 전구 속의 필라멘트는 아주 가늘어서 전자가 필라멘트를 통과하는 동안 계속 충돌하면서 전구를 뜨겁게 만들어. 그 과정에서 전기 에너지는 열과 빛의 형태로 전환되어 방출될 거야.

옴의 법칙

옴의 법칙은 회로 내에서 전압, 전류, 저항 사이의 관계를 나타내.

$$전압 = 전류 \times 저항$$

가끔 전류를 약자 I로 표기하기도 해.

전압의 측정 단위는 **볼트(V)**, 전류의 측정 단위는 **암페어(A)**, 저항의 측정 단위는 **옴(Ω)**이야. 옴의 법칙을 이용하면 전압이 증가할 때, 전류나 저항, 혹은 둘 다 증가할 것이라는 사실을 알 수 있어. 또한 전압이 똑같을 때 저항과 전류의 관계는 다음과 같아.

{ 저항이 낮아지면 전류는 증가한다. }

{ 저항이 높아지면 전류가 감소한다. }

전력

전력은 단위 시간 동안 전기 에너지가 다른 형태의 에너지로 바뀌는 속도를 뜻해. 예를 들어 토스트기의 전력은 토스트기가 전기를 열로 바꾸는 속도를 말해. 전력의 공식은 다음과 같아.

$$전력 = 전류 \times 전압$$

전력의 단위는 와트(W), 전류의 단위는 암페어(A), 전압의 단위는 볼트(V)라는 건 기억하도록 해.

기기	소비전력
토스트기	1,000W
세탁기	500W
빨래 건조기	5,000W
컴퓨터	200W

회로에서의 에너지 보존

전기 에너지 역시 에너지 보존 법칙이 성립해. 배터리에서 발생한 에너지는 과연 어떻게 될까? 전류가 회로를 따라 흐를 때, 전기 에너지는 열에너지나 빛 에너지로 전환될 거야. 또는 건전지로 움직이는 장난감처럼 운동 에너지로 전환될 수도 있어.

자기력

자석에는 양극과 음극이 있어. 극은 자성이 가장 강한 부분이지. 이때 자기력이란 양극과 음극 사이에 작용하는 인력과 척력을 말해. 같은 극끼리는 서로 밀어내고 반대 극끼리는 서로 끌어당겨. 마치 양전하와 음전하처럼 말이야.

> 때때로 '북극'과 '남극'으로 불리기도 해.

자기장

자석 주위에 자기력이 작용하는 공간을 자기장이라고 해. 자기력선은 자기장의 방향과 세기를 보여 줘. 자기력선의 방향은 북극에서 남극으로 향하며, 자기력선이 톰톰할수록 자기력이 더 세지.

전자기

움직이고 있는 전하는 자기장을 형성해. 전류는 움직이는 전하야. 그래서 전류가 흐르고 있는 전선은 항상 자기장에 의해 둘러싸여 있어. 전선을 둥글게 감아 만든 것을 코일이라고 해. 각 전선을 둘러싼 자력선은 코일 속에 아주 강한 자기장을 만들지. 코일을 더 많이 감을수록, 전류의 세기가 셀수록, 자기장은 더 강해져.

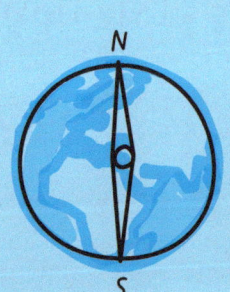

지구는 거대한 자석과 같아. 그래서 거대한 자기장을 형성하고 있지. 나침반 바늘은 사실상 작은 자석으로, 북극과 남극을 가리켜. 나침반이 북극을 가리키는 것은 실제로 나침반 바늘의 남극이 자성을 띤 지구의 북극으로 끌어당겨지고 있기 때문이야. 남극과 북극이라는 이름도 여기에서 유래했어.

전동기

전류가 흐르는 도선은 자기장이 생기기 때문에 다른 자석을 밀어내거나 끌어당길 수 있어. **전동기**는 자기장에서 전류가 받는 힘을 이용해 전기 에너지를 운동 에너지로 바꾸는 장치야. 장난감 자동차에 달린 모터를 생각하면 돼.

전동기는 자석이 전류가 흐르는 전선을 밀거나 잡아당기는 힘을 이용해. 전류가 흐르는 고리 모양의 전선을 자석 사이에 놓으면, 이 전선은 자기장으로부터 힘을 받고, 결국 전선에 연결된 장치가 움직여 운동 에너지를 만들지.

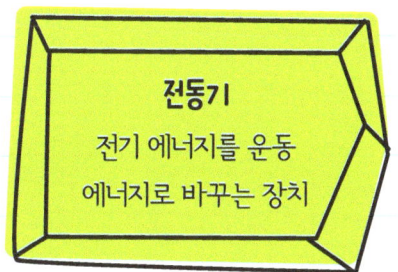

전동기
전기 에너지를 운동 에너지로 바꾸는 장치

발전기

발전기는 자석 사이에 회전 가능한 고리 모양의 도선이 들어 있다는 점에서는 전동기와 비슷하지만 에너지 전환은 정반대로 일어나. 발전기는 운동 에너지를 이용해 전기 에너지를 만들거든. 자석 사이의 도선의 운동 에너지는 자기장을 만들고, 결국 전류를 만들어 내.

발전기

발전기는 자기장 안에 놓인 도선의 운동 에너지를 전기 에너지로 전환시켜. 도선과 연결된 운동 장치가 움직여

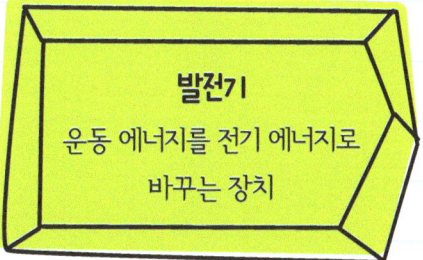

발전기
운동 에너지를 전기 에너지로 바꾸는 장치

고리 모양의 도선을 움직이면, 이 도선이 통과하는 자기장이 변하게 돼.

자기장이 변하면 도선에 유도 전류가 흐르게 되지.
이러한 과정을 전자기 유도라고 해. 발전소는 발전기를 이용해 전기를 만드는 곳이야. 발전소에서 쓰이는 많은 자원들은 큰 자기장 속의 코일을 움직이는 데 필요한 운동 에너지를 제공하고 있어.

1. 나침반의 어느 극이 북쪽을 가리킬까?

2. 전류가 흐르는 두 개의 도선을 옆에 나란히 놓아두었다. 한 도선이 다른 도선으로부터 힘을 받게 될까? 그렇다면 왜일까?

3. 전기장은 전하의 크기와 전하에서의 거리에 따라 어떻게 변할까?

4. 전압이 일정할 때 저항이 커지면 전류는 어떻게 될까?

5. 원자는 언제 음전하를 띠게 될까?

6. 음전하를 띤 머리빗을 머리카락에 가까이 대면, 머리카락은 어떤 전하를 띠게 될까?

7. 도선의 넓이가 넓어지면, 저항은 어떻게 변할까?

8. 도선의 길이가 길어지면, 저항은 어떻게 변할까?

9. 전구가 직렬로 연결되어 있을 때와 병렬로 연결되어 있을 때, 전구 한 개가 타 버린다면 다른 전구는 각각 어떻게 될까?

정답

1. 남극

2. 도선은 다른 도선으로부터 힘을 받을 것이다. 왜냐하면 전류가 흐르는 두 도선 모두 자기장을 가지기 때문이다.

3. 전기장은 전하에서의 거리가 멀수록 점점 약해지며, 전하의 크기가 클수록 더 강해진다.

4. $V = IR$이다. 그러므로 전기 저항이 커지는데 전압은 일정하다면, 전류는 약해질 것이다.

5. 양성자보다 전자를 더 많이 가질 때

6. 양전하

7. 도선이 넓어질수록, 저항은 더 작아진다.

8. 도선이 길어질수록, 저항은 더 커진다.

9. 직렬 연결 : 회로가 끊어져 더는 닫힌 고리 형태의 회로(닫힌 회로)가 아니기 때문에 다른 전구도 모두 꺼진다.
   병렬 연결 : 전기는 여전히 다른 전구들을 통해 닫힌 고리 형태의 회로(닫힌 회로)로 흐르기 때문에 전구는 꺼지지 않는다.

비법노트 17장

전기 에너지원

우리가 매일 사용하는 전기 에너지는 어디에서 올까?

전기를 일으키는 힘 : 터빈

날개처럼 생긴 장치인 터빈은 발전기 속에 들어 있는 금속 막대를 회전시키는 역할을 해. 여러 종류의 동력원이 터빈을 돌리면 터빈은 다시 금속 막대를 돌려서 전기를 생산하지.

예를 들어 수력 발전소에서는 떨어지는 물의 힘을 동력원으로 사용해서 터빈을 돌려. 터빈이 회전하면서 운동 에너지를 전기 에너지로 바꾸는데, 이때 마찰에 의한 열도 함께 발생해.

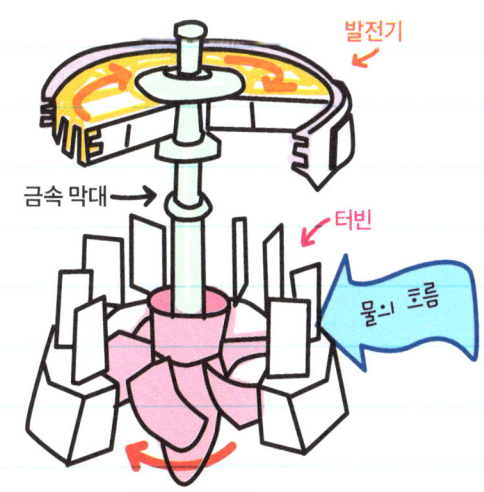

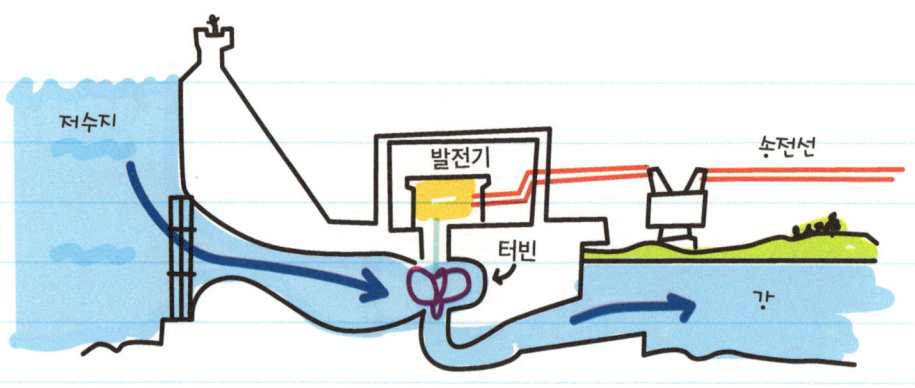

에너지는 보존되기 때문에 우리는 여러 형태의 에너지를 전기 에너지로 바꿀 수 있어. 가장 일반적인 에너지원으로는 다음과 같은 것이 있어.

- 핵에너지
- 석유, 석탄, 천연가스와 같은 화석 에너지
- 수력과 태양열, 지열, 조력, 풍력 에너지와 같은 재생 에너지

비재생 자원

화석 연료

화석 연료는 아주 오래전에 땅속에 묻혀 화석이 된 생물체가 열과 압력을 받아 석유, 석탄, 천연가스 등으로 변한 화학 에너지원이야. 화석 연료는 연소하면서 화학 에너지를 열에너지 형태로 방출하는데, 이때 만들어진 열에너지가 물을 끓이고, 끓은 물이 터빈을 돌려 전기 에너지를 만들어.

화석 연료는 비재생 자원이야. 만들어지는 데 수백만 년이 걸리기 때문이지. 화석 연료를 계속 쓰다 보면 머지않아 고갈되어 더 이상 쓸 수 없게 될 거야. 게다가 화석 연료는 많은 오염 물질을 만들어 환경에도 좋지 않아. 화석 연료가 연소하는 동안 나오는 이산화탄소는 특히 지구 온난화의 원인이 되고 있어.

우리는 지금 비재생 자원을 보충하는 속도보다 훨씬 더 빠른 속도로 자원을 소모하고 있어.

지구 온난화
지구의 평균 기온이 점점 높아지는 현상

원자력

원자력은 농축된 우라늄의 핵 속에 들어 있는 에너지를 사용해. 핵이 분열할 때 엄청난 양의 에너지가 방출되는데, 이것으로 물을 가열하여 수증기를 만들고, 수증기로 발전기를 돌리는 거야. 핵에너지는 공기를 오염시키지는 않지만 매우 유독한 핵폐기물을 배출하지.

원자력

증기

지구에 있는 광물과 에너지, 지하수 자원 등은 전 세계에 고르게 분포하지 않아. 풍화 작용이나 침식 작용이 계속 일어나고, 사람이 생활하면서 다양한 방법으로 자원을 사용하기 때문이야. 예를 들어 빙하가 움직이면 빙하는 광물을 원래 있던 곳에서 다른 곳으로 옮겨. 또한 산업과 사회가 발전하면서 사람들도 땅을 마구 변화시키곤 해. 도시를 개발하거나 새로운 건물을 세우면서 자원들을 파괴하거나 아예 사용할 수 없게 만들지. 이러한 모든 과정이 자원 분포를 불균형하게 만들어. 또한 이러한 자원 중 많은 부분은 우리가 사는 동안 재생 불가능하거나 대체 불가능해.

재생 자원

재생 자원은 다시 활용할 수 있는 자원을 뜻해. 수력과 태양열, 지열, 조력, 바이오매스, 풍력이 모두 재생 자원에 속하지.

수력 발전

수력 발전은 물의 위치 에너지를 이용해 전기를 생산해. 강에서 흐르는 물을 댐 안에 가둬 두었다가 떨어뜨리며 생긴 위치 에너지를 이용하는 거지. 가둬 두었던 물을 흘려보내면 물이 발전기 속의 터빈을 돌려 운동 에너지를 만들고, 발전기 내부의 전자기 유도 현상을 이용해 전기 에너지를 생산해.

수력

태양열 발전

태양열 발전은 태양의 복사열에서 나오는 에너지를 이용하는 거야. 태양 에너지를 모으는 방법에는 다음 두 가지가 있어.

태양 에너지

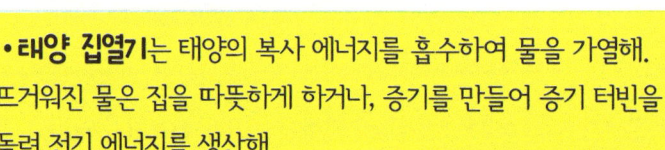
- 태양 집열기는 태양의 복사 에너지를 흡수하여 물을 가열해. 뜨거워진 물은 집을 따뜻하게 하거나, 증기를 만들어 증기 터빈을 돌려 전기 에너지를 생산해.

- 태양 전지판은 태양의 복사 에너지를 곧바로 전기 에너지로 변환시켜.

우리가 쓰는 에너지 중 약 0.1%만 태양 에너지에서 얻고 있어. 왜냐하면 태양 에너지를 모으는 데 돈이 많이 들기 때문이야. 하지만 앞으로 기술이 더 발전하면 보다 저렴하게 태양 에너지를 쓸 수 있을 거야.

지열 발전

지구의 중심은 매우 뜨거워서 바위를 녹일 수 있을 정도야. 땅의 열로 인해 녹은 암석을 마그마라고 하는데, 이 마그마가 지표면에 가까이 있는 곳에서는 물을 가열하여 증기를 만들 수 있어.

이곳에 우물을 파면 증기와 뜨거운 물을 원료로 얻을 수 있지. 이 증기는 전기를 만드는 데 사용돼. 전기를 만들고 난 증기는 냉각탑에서 식어 응결되고 다시 물이 되지. 차가워진 물은 땅속으로 주입되고 처음부터 모든 과정을 반복하게 돼.

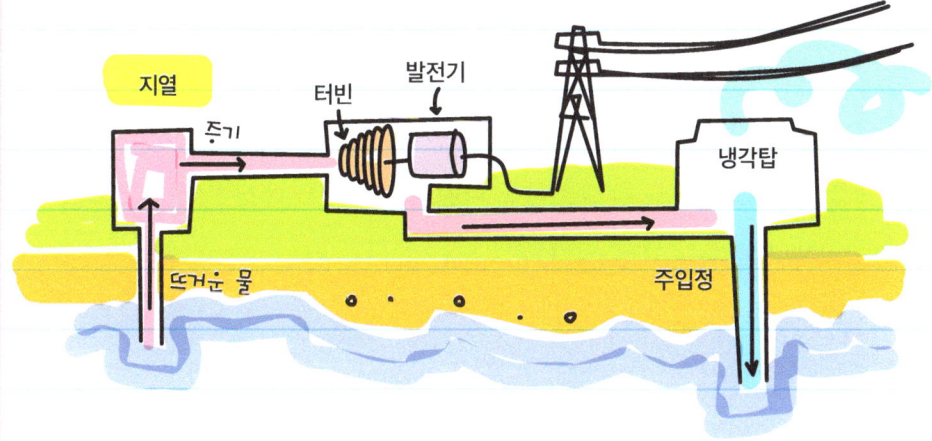

조력 발전

조력 발전은 바다의 밀물과 썰물을 이용해 전기를 만들어. 끊임없이 움직이는 바다는 하루에 두 번씩 바닷물의 높이가 가장 높은 만조와 가장 낮은 간조가 나타나. 만조와 간조의 차이를 조수 간만의 차라고 하고, 이 차이가 큰 곳에서 조력 발전을 해. 이때 물속의 터빈은 끊임없이 들어오고 나가는 물의 힘으로 무한한 에너지를 얻을 수 있지.

풍력 발전

바람을 이용해서 전기를 생산할 수도 있어. 바람의 운동 에너지를 이용하여 터빈을 돌려 전기를 생산하는 거지. 바람의 힘을 효율적으로 이용하려면 바람이 많이 부는 지역에 터빈을 여러 대 설치해야 하지만 **풍력** 발전은 자원이 풍부하고 재생 가능한 에너지원이야.

풍력

바이오매스 발전

바이오매스는 생물에 저장된 화학 에너지를 이용하는 거야. 만약 요리를 하거나 몸을 따뜻하게 하려고 불을 지폈다면, 바이오매스 발전을 한 셈이지. 식물, 나무, 쓰레기는 가장 일반적인 **바이오매스** 자원으로, 바이오매스 공급원이라고 불려. 바이오매스 공급원을 가열하거나 건조하거나 안정시키면 열에너지가 만들어지고 이를 이용해 전기 에너지를 생산하는 방법이 바이오매스 발전이야. 바이오매스 에너지를 만드는 가장 쉬운 방법은 똥이 찌꺼기나 목재소에서 나온 나무 조각, 도시에서 발생하는 생활 폐기물을 직접 태우는 거야.

> 만약 바이오매스 공급원이 계속 공급되지 않는다면 결국 바이오매스도 재생 불가능해져.

환경친화적이야!

1. 재생 자원과 비재생 자원의 예를 들어 보자.

2. 우리가 주 에너지원으로 화석 연료를 사용할 때 생기는 문제점을 설명해 보자.

3. 원자력을 사용하면 무엇이 문제가 될까?

4. 터빈이란 무엇일까?

5. 태양 에너지를 모으는 두 가지 방법은 무엇일까?

6. 원자력에서 에너지는 어디에서 생겨날까?

7. 수력 발전의 원리를 설명해 보자.

8. 지열 발전은 무엇을 이용하여 물을 가열하고 증기를 만들까?

9. 바이오매스란 무엇일까?

정답

1. 재생 자원 : 수력, 태양열, 지열, 풍력, 조력, 바이오매스
   비재생 자원 : 화석 연료와 원자력 에너지

2. 화석 연료를 사용하면 수많은 공기 오염 물질이 공기 중에 배출되고 특히 이산화탄소는 지구 온난화의 원인이 된다. 또한 화석 연료의 양은 제한되어 있어서 마구 사용하면 금방 고갈될 것이다.

3. 원자력 에너지는 심각한 독성 폐기물을 만들 뿐 아니라, 폐기물을 버리고 저장하는 것도 문제가 많다.

4. 발전기 속에서 금속대를 돌리는 프로펠러처럼 생긴 부분

5. 태양 집열기와 태양 전지판

6. 원자력은 농축 우라늄의 핵 속에 들어 있는 에너지를 사용한다.

7. 높은 댐에 물을 가두었다가 흘려보내면 떨어진 물줄기로 인해 생긴 운동 에너지가 터빈을 돌려 전기 에너지를 생산한다.

8. 마그마, 즉 지구핵에 의해 만들어진 녹은 암석

9. 바이오매스 발전은 생물에 저장된 화학 에너지를 이용한다.

개념 연결

생각그물·교과연계

생각그물

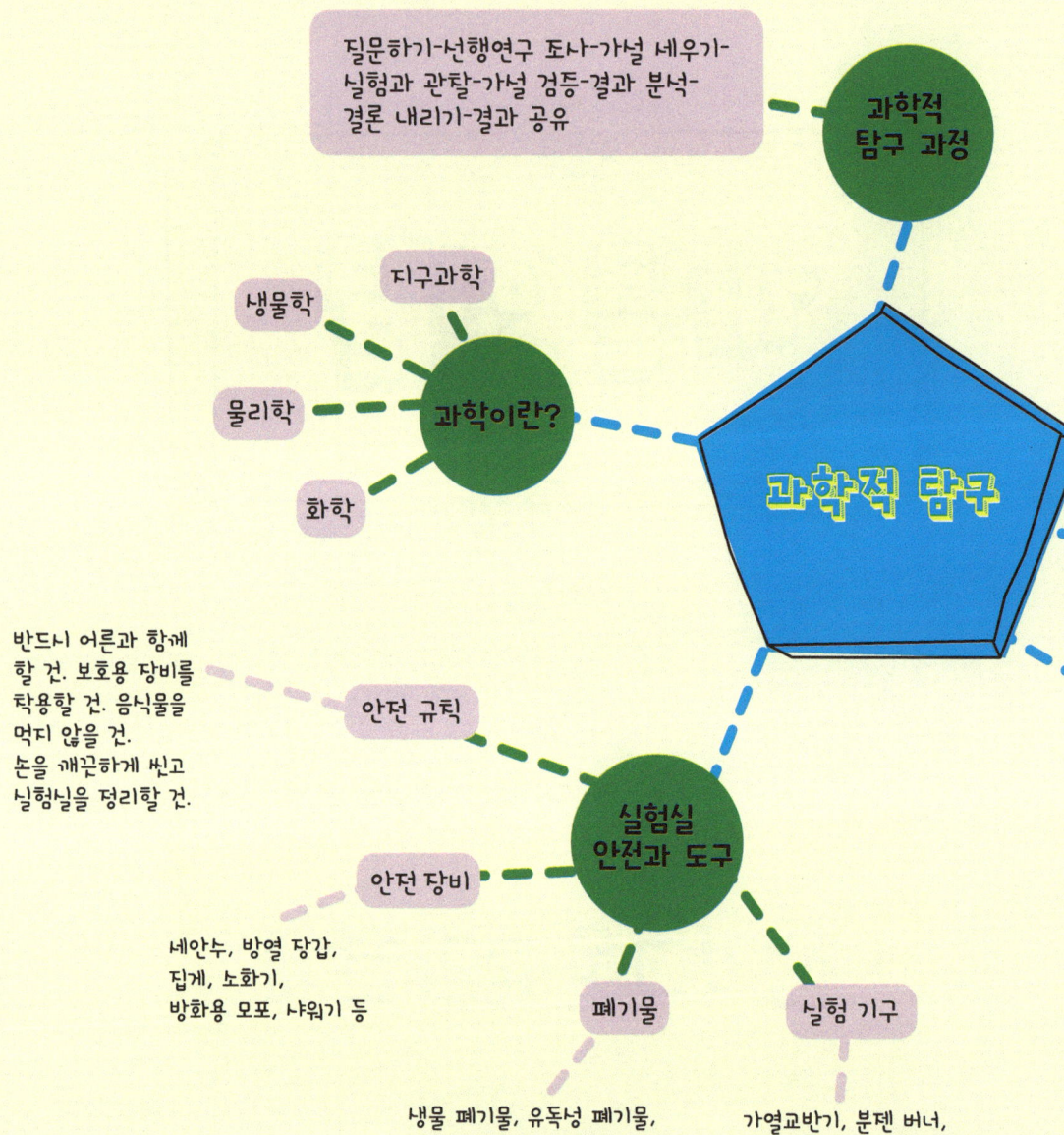

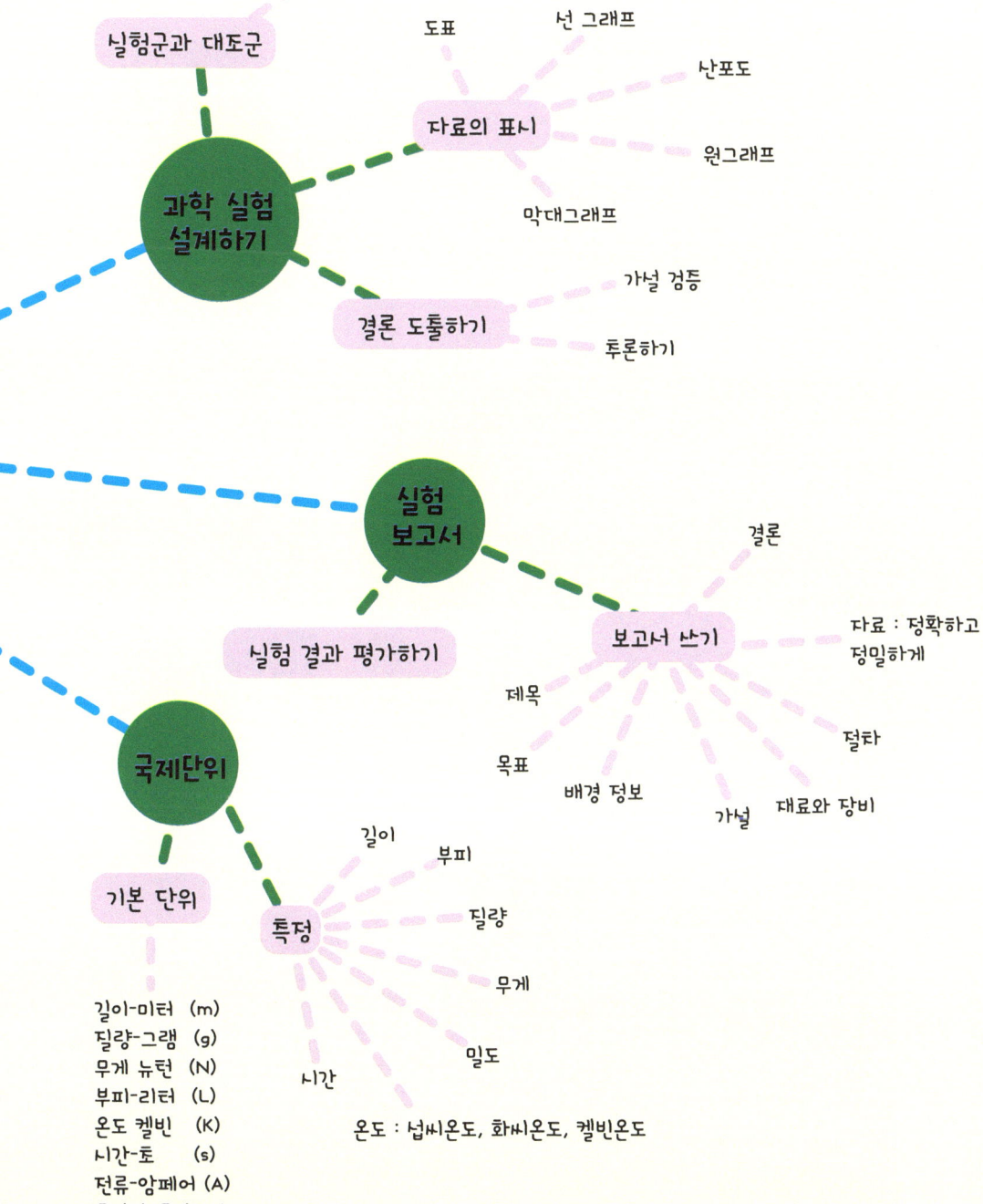

생각그물

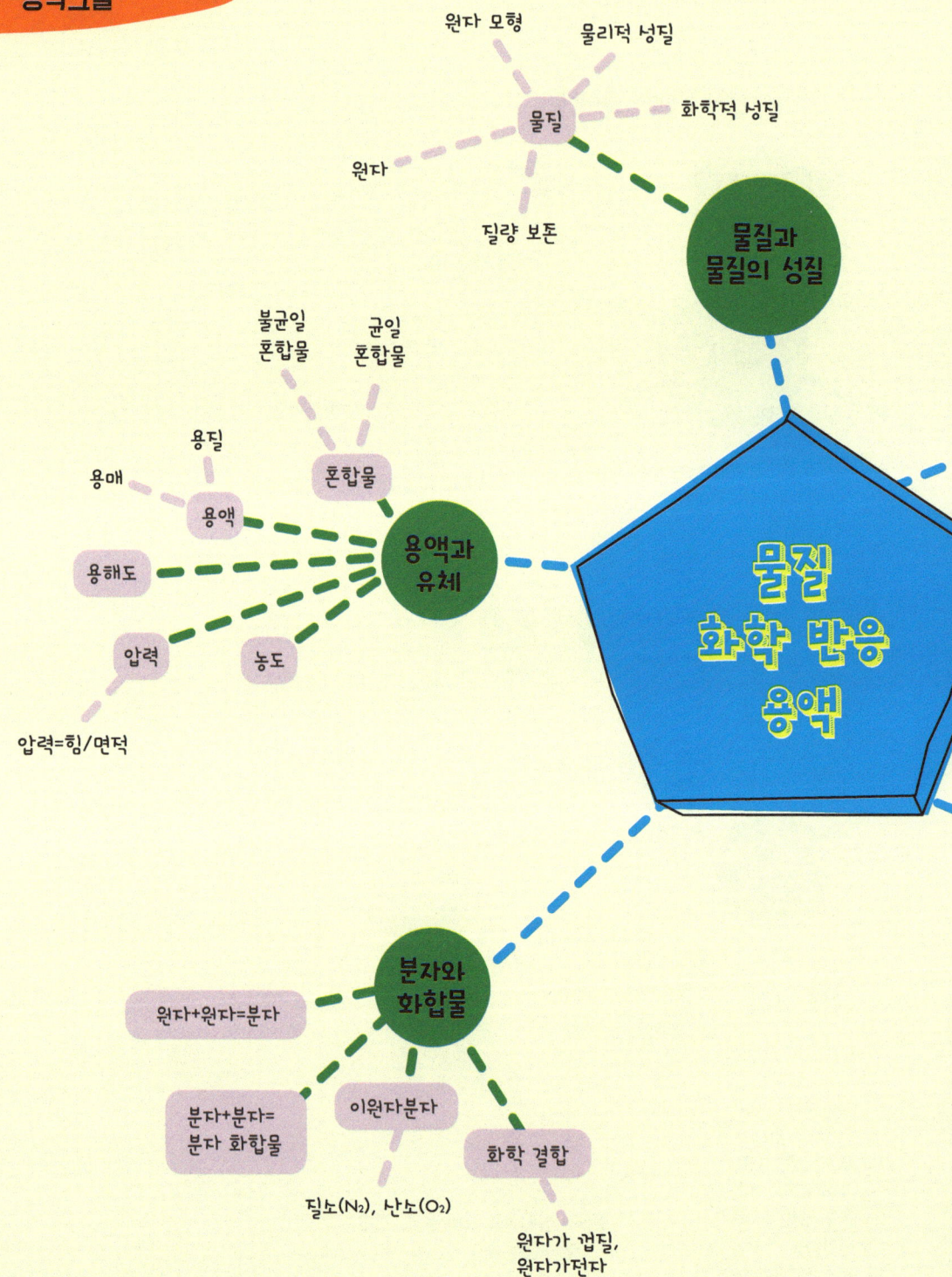

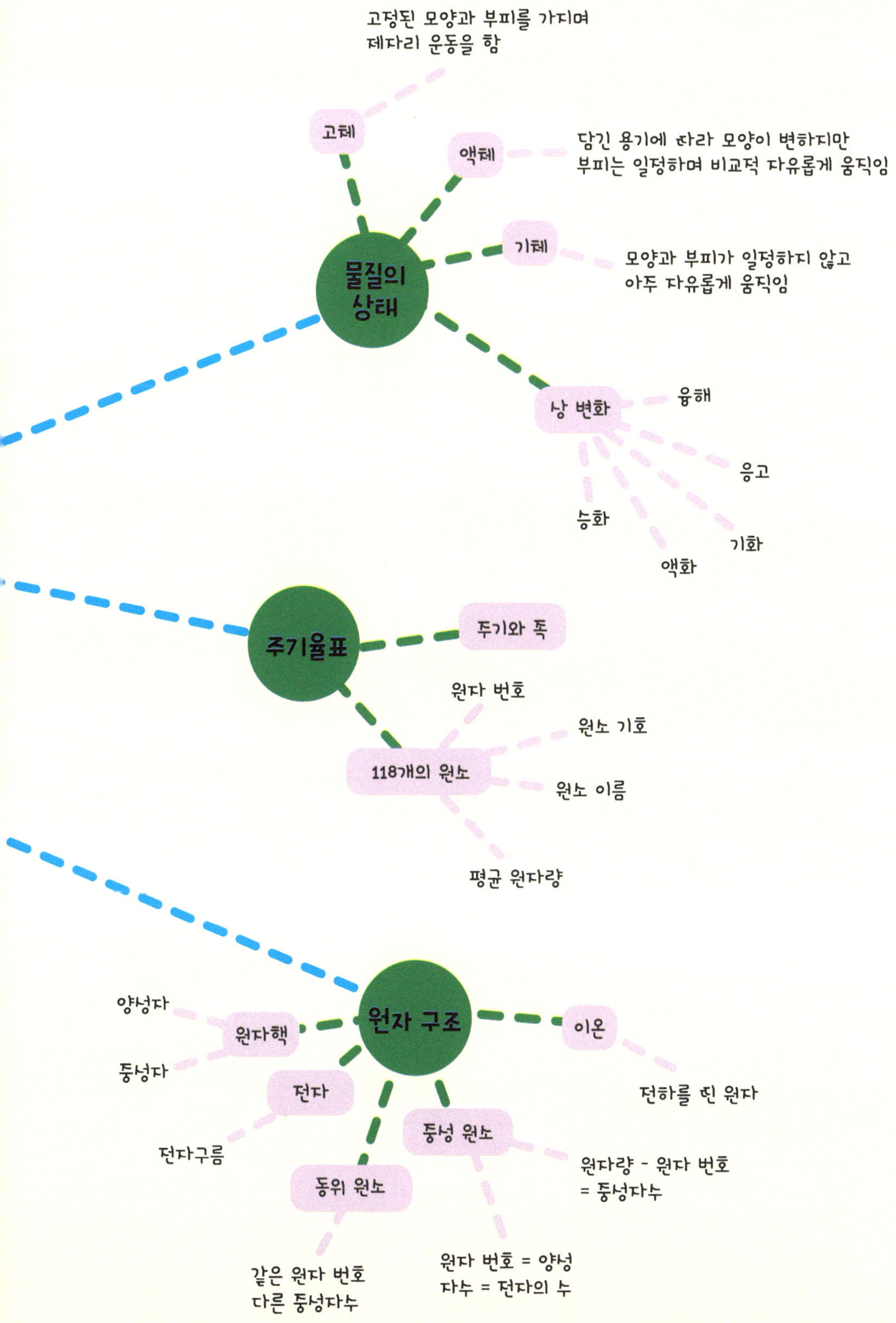

물질의 상태

- **고체** — 고정된 모양과 부피를 가지며 제자리 운동을 함
- **액체** — 담긴 용기에 따라 모양이 변하지만 부피는 일정하며 비교적 자유롭게 움직임
- **기체** — 모양과 부피가 일정하지 않고 아주 자유롭게 움직임
- **상 변화**
  - 융해
  - 응고
  - 기화
  - 액화
  - 승화

주기율표

- 주기와 족
- **118개의 원소**
  - 원자 번호
  - 원소 기호
  - 원소 이름
  - 평균 원자량

원자 구조

- **원자핵**
  - 양성자
  - 중성자
- **전자**
  - 전자구름
- **동위 원소** — 같은 원자 번호 다른 중성자수
- **중성 원소** — 원자 번호 = 양성자수 = 전자의 수
- **이온** — 전하를 띤 원자
- 원자량 - 원자 번호 = 중성자수

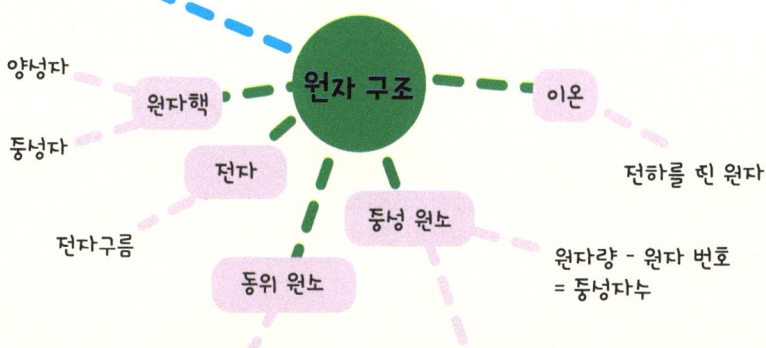

생각그물

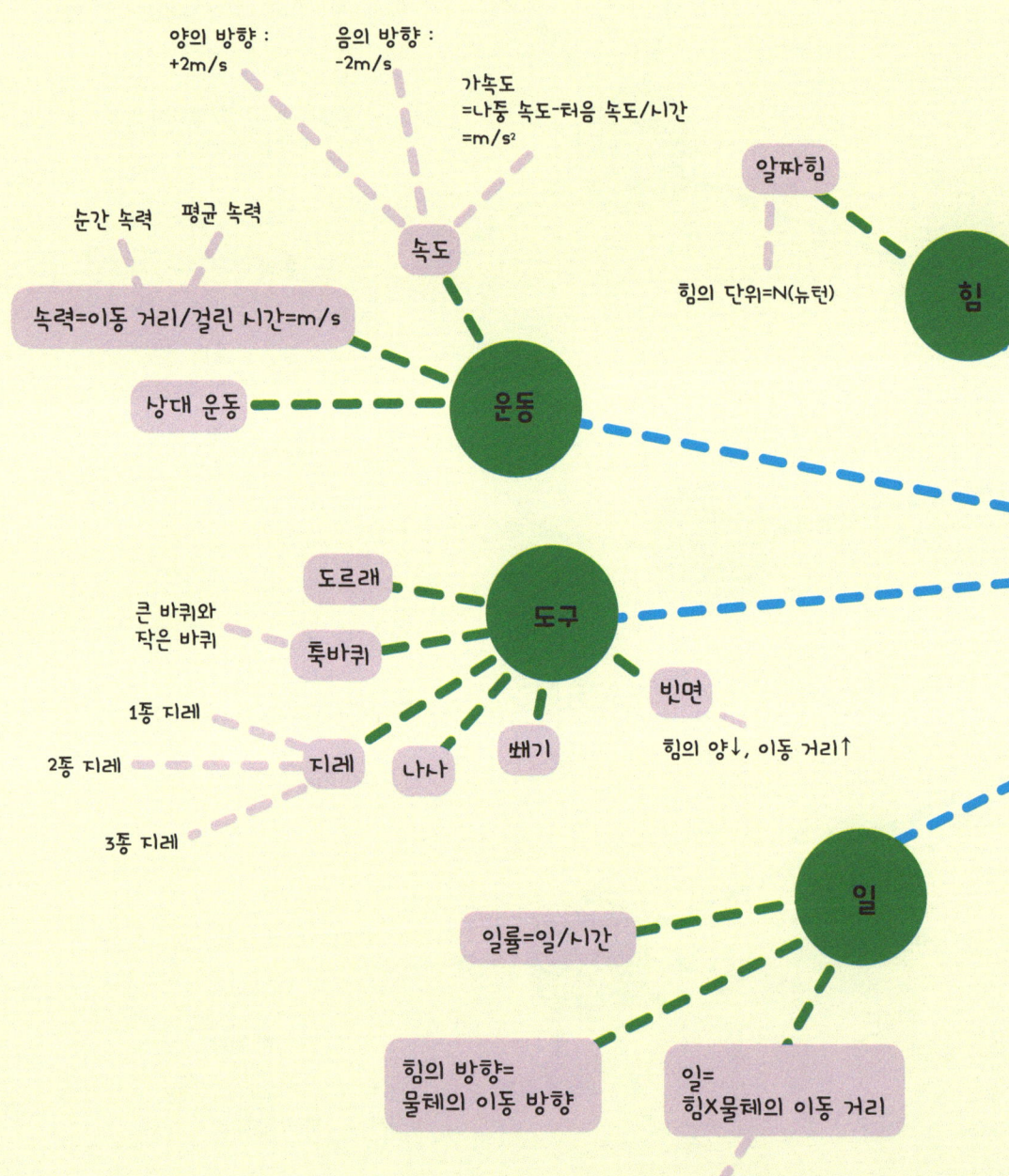

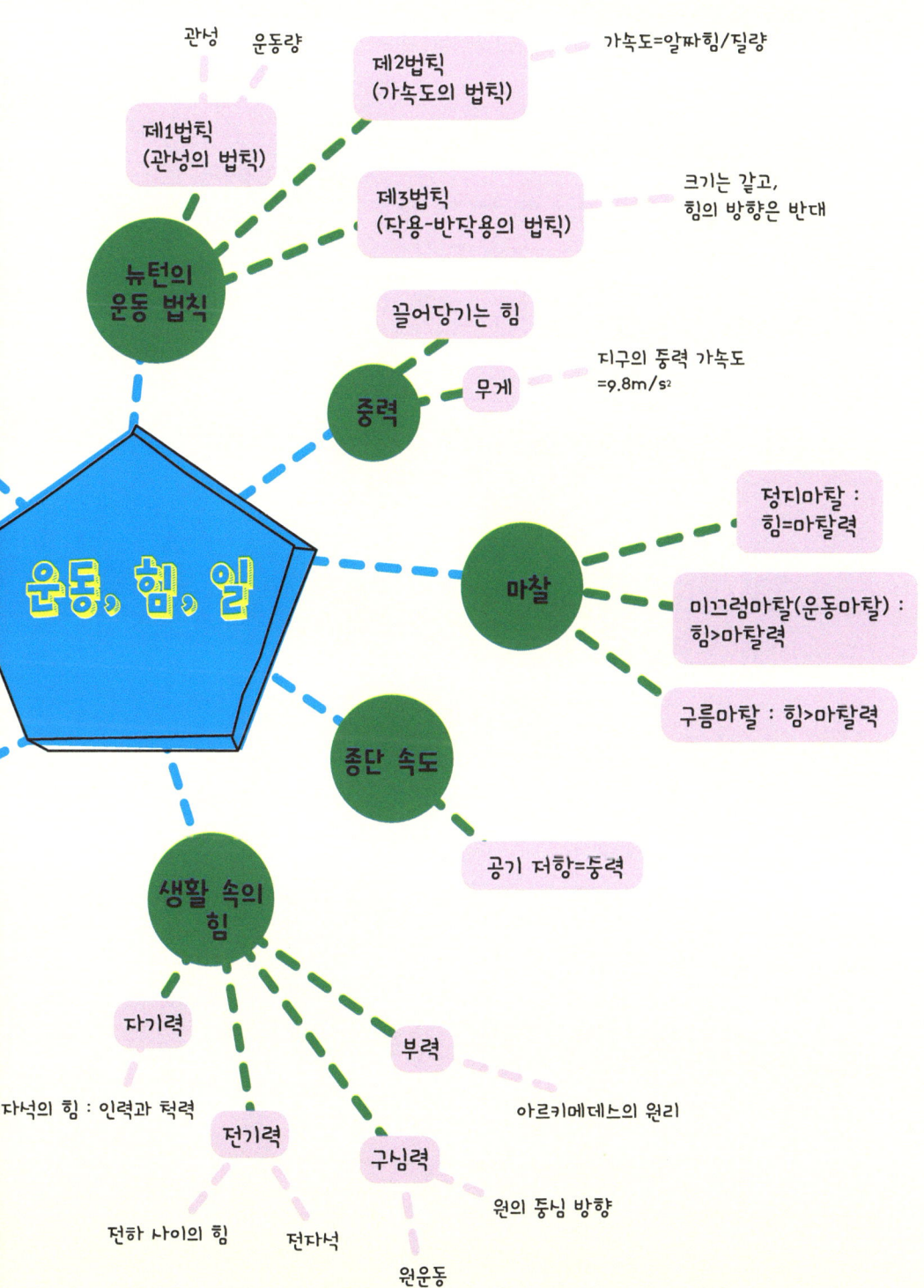

생각그물

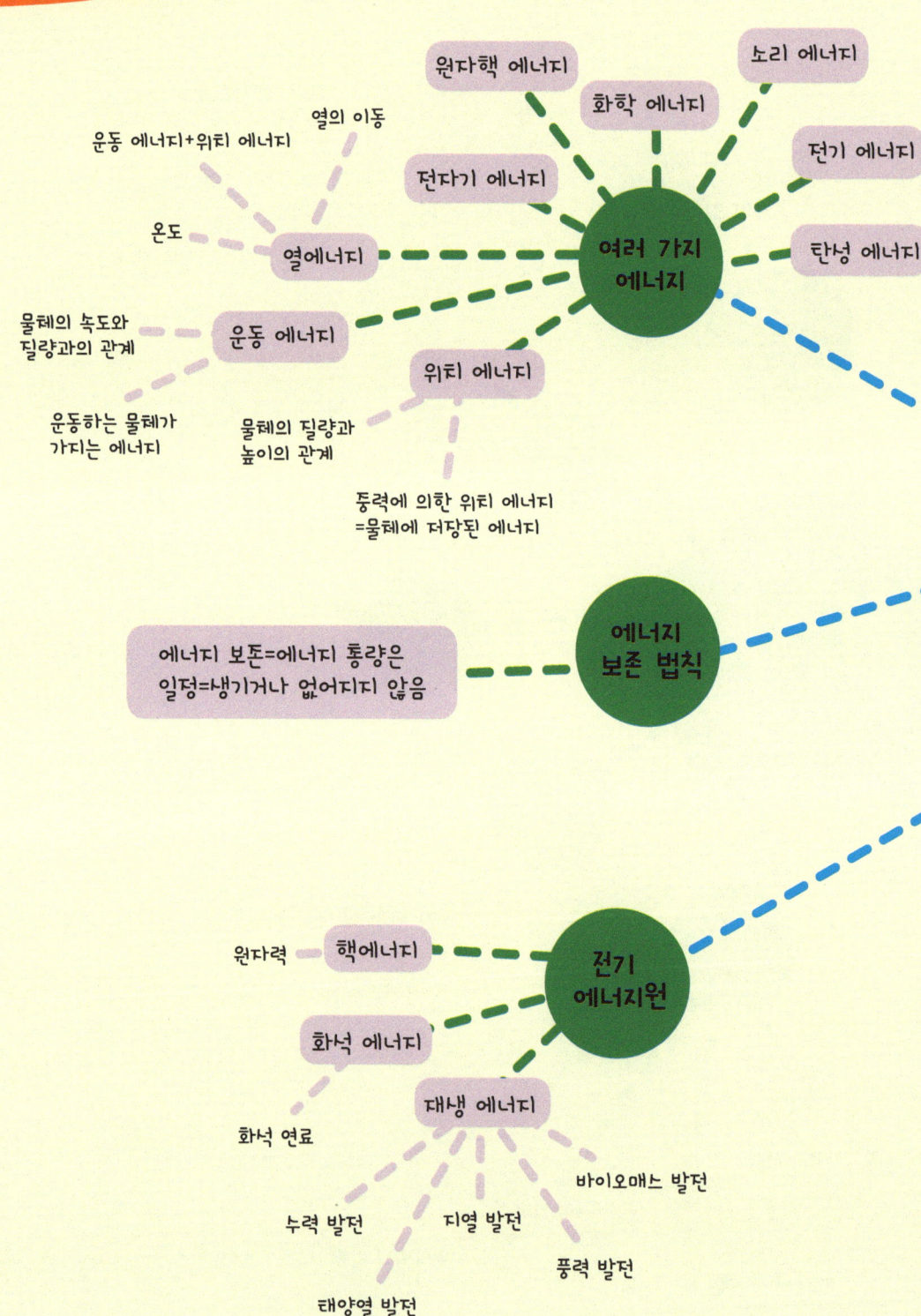

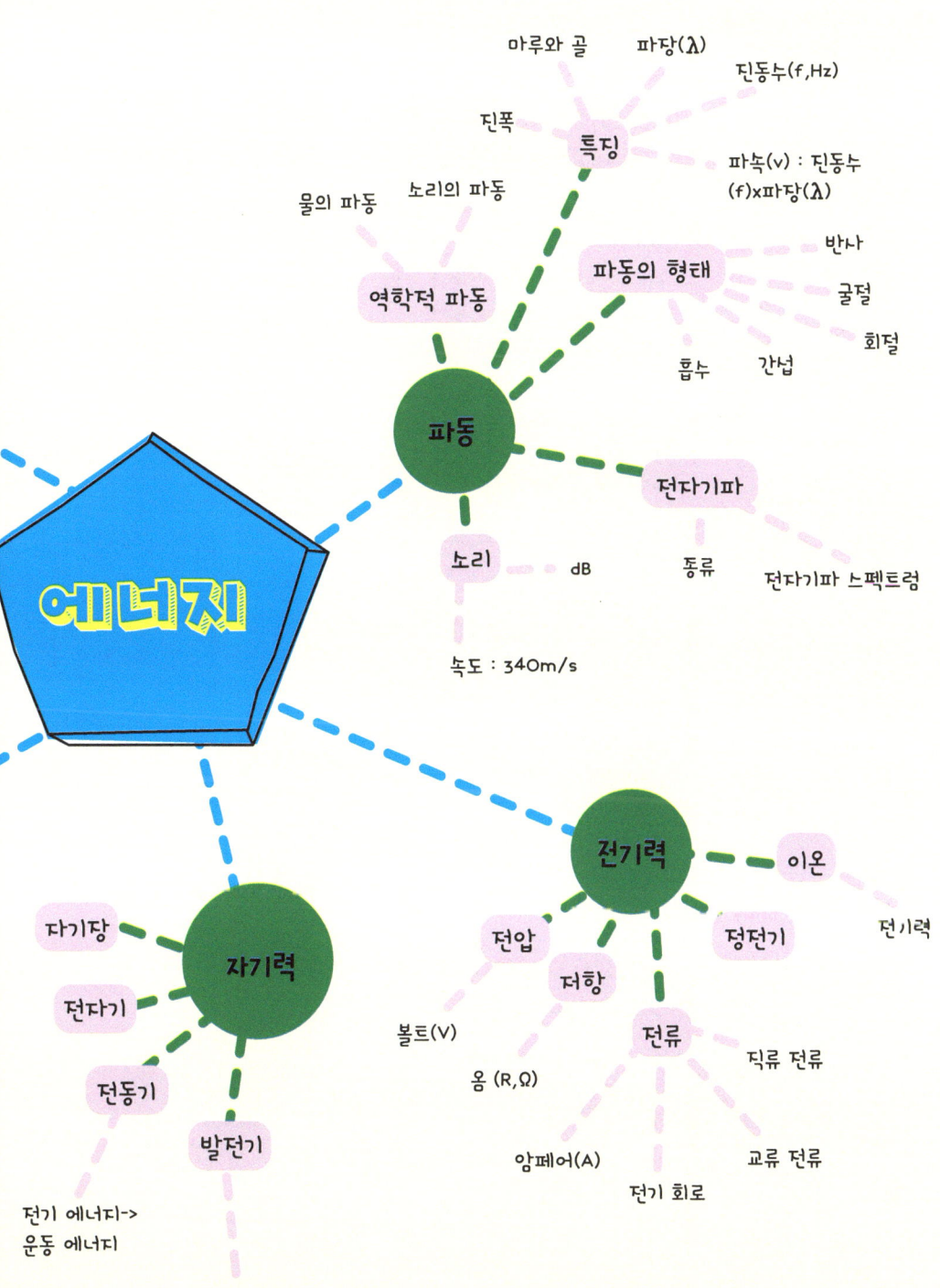

교과연계표

물리-화학

초등학교

과학적 탐구

- 4-1. 함께 탐구하기
- 4-2. 스스로 탐구하기
- 5-1. 탐구야, 즐겁게 놀자!
- 5-2. 탐구야, 궁금한 점을 해결해 볼까?
- 6-1. 탐구야, 신나게 놀자!

1장. 과학자처럼 사고하기
2장. 과학 실험 설계하기
3장. 실험 보고서와 평가 결과
4장. 국제 단위와 측정
5장. 실험실 안전과 실험 도구

물질, 화학 반응, 용액

- 3-2 1. 물체와 물질
- 4-1 2. 물의 상태 변화
- 4-2 3. 여러 가지 기체
- 5-1 4. 용해와 용액
- 5-2 5. 산과 염기
- 6-1 2. 여러 가지 기체
- 6-2 3. 연소와 소화

6장. 물질, 성질, 상
7장. 주기율표, 원자 구조, 화합물
8장. 용액과 유체

중학교

1학년
1. 과학과 인류의 지속가능한 삶

3학년
VIII. 과학과 나의 미래

1학년
IV. 물질의 상태 변화
   1. 물질의 상태와 상태 변화
VI. 기체의 성질
   1. 기체의 압력
   2. 기체의 압력 및 온도와 부피 관계

2학년
I. 물질의 특성
   1. 물질의 특성
   2. 혼합물의 분리
IV. 물질의 구성
   1. 원소, 화합물, 화학식
   2. 분자, 이온

3학년
I. 화학 반응의 규칙성
   1. 물리변화, 화학변화
   2. 화학 반응식
   5. 화학 반응과 열출입

초등학교

- 3-1 1. 힘과 우리 생활
- 5-2 4. 물체의 운동

운동, 힘, 일

- 9장. 운동
- 10장. 힘과 뉴턴의 운동 법칙
- 11장. 중력, 마찰, 생활 속의 힘
- 12장. 일과 도구

중학교

1학년
Ⅴ. 힘의 작용
  1. 힘의 표현과 평형
  2. 여러 가지 힘
  3. 힘의 작용과 운동 상태 변화

3학년
Ⅳ. 운동과 에너지
  1. 물체의 운동
  3. 일, 위치 에너지, 운동 에너지

- 3-2 3. 소리의 성질
- 4-1 1. 자석의 이용
- 5-1 2. 온도와 열
- 6-1 3. 빛과 렌즈
- 6-2 1. 전기의 이용
- 6-2 5. 에너지와 생활

에너지

- 13장. 에너지의 형태
- 14장. 열에너지
- 15장. 빛과 소리
- 16장. 전기와 자기
- 17장. 전기 에너지원

1학년
Ⅲ. 열
  1. 열의 이동
  2. 비열과 열팽창
Ⅳ. 물질의 상태 변화
  3. 상태 변화와 열에너지

2학년
Ⅲ. 빛과 파동
  3. 빛과 색
  4. 파동과 소리
Ⅶ. 전기와 자기
  1. 정전기, 정전기 유도
  2. 전류, 전압, 저항
  3. 합성 저항, 소비 전력
  4. 전류와 자기장

3학년
Ⅰ. 화학 반응의 규칙성
  5. 화학 반응과 열출입
Ⅳ. 운동과 에너지
  3. 일, 위치 에너지, 운동 에너지
  4. 역학적 에너지 전환과 보존

생물

초등학교

- 5-1 5. 다양한 생물과 우리 생활
- 5-2 2. 생물과 환경

- 3-1 2. 동물의 생활
- 3. 식물의 생활
- 4. 생물의 한살이
- 6-1 4. 식물의 구조와 기능

- 6-2 4. 우리 몸의 구조와 기능

- 5-1 5. 다양한 생물과 우리 생활
- 5-2 2. 생물과 환경

생물 분류와 세포

- 1장. 생물과 생물 분류
- 2장. 세포설과 세포의 구조
- 3장. 세포의 수송과 물질 대사
- 4장. 세포 생식과 단백질 합성

식물과 동물

- 5장. 식물의 구조와 생식
- 6장. 무척추동물
- 7장. 척추동물
- 8장. 동식물의 항상성과 행동

우리 몸의 구조와 여러 기관

- 9장. 골격계와 근육계
- 10장. 신경계와 내분비계
- 11장. 소화계와 배설계
- 12장. 호흡계와 순환계
- 13장. 면역계와 림프
- 14장. 사람의 생식과 발생

유전과 진화

- 15장. 유전과 유전학
- 16장. 진화

서식지와 상호의존

- 17장. 생태학과 생태계
- 18장. 상호의존, 에너지와 물질의 순환

중학교

1학년
Ⅲ. 생물의 구성과 다양성
1. 생물의 구성
2. 생물다양성과 분류
3. 생물다양성 보전

2학년
Ⅴ. 식물과 에너지
1. 광합성
2. 식물의 호흡
3. 양분의 저장과 이동

Ⅴ. 동물과 에너지
1. 소화   2. 순환
3. 호흡   4. 배설
5. 세포 호흡

3학년
Ⅴ. 자극과 반응
1. 감각 기관
2. 뉴런, 신경계, 자극과 반응
3. 항상성과 호르몬

3학년
Ⅵ. 생식과 유전
1. 세포 분열
2. 사람의 수정과 발생
3. 멘델의 유전
4. 사람의 유전

1학년
Ⅲ. 생물의 구성과 다양성
1. 생물의 구성
2. 생물다양성과 분류
3. 생물다양성 보전

지구과학

초등학교

- 4-2 1. 밤하늘 관찰
- 5-1 3. 태양계와 별
- 6-1 2. 지구와 달의 운동

우주와 태양계

- 1장. 태양계와 우주 탐험
- 2장. 태양, 지구, 달
- 3장. 별과 은하
- 4장. 우주의 기원과 태양계

중학교

1학년
VII. 태양계
  1. 태양계의 구성
  2. 지구의 운동
  3. 달의 운동

3학년
VIII. 별과 우주
  2. 밝기와 등급, 표면온도와 색
  3. 우주 팽창
  4. 우주 탐사

초등학교

- 4-1 3. 땅의 변화
- 5-2 3. 날씨와 우리 생활
- 6-2 2. 계절의 변화

지구, 대기, 날씨, 기후

- 5장. 광물, 암석, 지구의 구조
- 6장. 지각 운동
- 7장. 풍화와 침식
- 8장. 대기와 물의 순환
- 9장. 날씨
- 10장. 기후

중학교

2학년
I. 지권의 변화
  1. 지구계와 지권
  2. 암석과 광물
  3. 풍화와 토양
  4. 대륙이동설

3학년
II. 날씨와 기후변화
  1. 기권, 복사평형
  2. 대기 대순환
  3. 상대습도, 구름과 강수
  4. 기압, 기단, 전선, 일기도
III. 수권과 해수의 순환
  1. 수권의 분포, 수자원
  2. 해수의 특성
VII. 재해, 재난과 안전

초등학교

- 4-1 3. 땅의 변화

화석, 지구의 역사, 자원

- 11장. 화석과 암석의 연령
- 12장. 지구의 역사
- 13장. 생태 천이와 생물군계
- 14장. 천연자원과 보존

중학교

2학년
I. 지권의 변화
  1. 지구계와 지권

옮긴이 **양원정**

한양대학교 의류학과, 방송대학교 영어영문학과를 졸업했다.
글밥 아카데미 수료 후 바른번역 소속 번역가로 활동하고 있다.
옮긴 책으로 『부모의 육아 습관이 예민한 아이를 키운다』 등이 있다.

과학천재의 비법노트 : 물리·화학

초판 1쇄 펴낸날 | 2017년 6월 23일
초판 4쇄 펴낸날 | 2025년 4월 14일

지은이 | 브레인 퀘스트
옮긴이 | 양원정
펴낸이 | 홍지연
편집 | 홍소연 고영완 이태화 이수진 김신애
디자인 | 이정화 박태연 정든해 이설
마케팅 | 강점원 최은 신예은 김가영 김동휘
경영지원 | 정상희 배지수

펴낸곳 | (주) 우리학교
출판등록 | 제313-2009-26호(2009년 1월 5일)
제조국 | 대한민국
주소 | 04029 서울시 마포구 동교로12안길 8
전화 | 02-6012-6094
팩스 | 02-6012-6092
이메일 | woorischool@naver.com

ISBN 979-11-87050-28-5(74400)
ISBN 979-11-87050-27-8(세트)

이 도서의 국립중앙도서관 출판예정도서목록(CIP)은 서지정보유통지원시스템 홈페이지
(http://seoji.nl.go.kr)와 국가자료공동목록시스템(http://www.nl.go.kr/kolisnet)
에서 이용하실 수 있습니다.(CIP제어번호: CIP2017012251)

- 책값은 뒤표지에 적혀 있습니다.
- 잘못된 책은 구입한 곳에서 바꾸어 드립니다.
- KC마크는 이 제품이 공통안전기준에 적합하였음을 의미합니다.